Le Guide SEO

*Optimisation des moteurs de recherche
pour une visibilité maximale*

*Copyright Nathan Verratti © 2024
Tous droits réservés.*

Sommaire

Chapitre 1 - Introduction 1
    Définition du SEO 2
    Importance du SEO pour la visibilité en ligne 7
Chapitre 2 - Fondements du SEO: un guide complet 26
    Choix des mots-clés pertinents 26
    Structure et organisation du contenu 28
    Optimisation des balises HTML pour le SEO 30
    Création de contenu de qualité et d'originalité 33
Chapitre 3 - Techniques avancées de SEO 36
    Optimisation pour la recherche locale 36
    Utilisation des backlinks de manière efficace 38
    Optimisation pour les appareils mobiles 40
    Rich snippets et données structurées 43
Chapitre 4 - Mesure et analyse de la performance SEO 45
    Outils d'analyse et de suivi du SEO 46
    Interprétation des données et des métriques 48
    Ajustements stratégiques en fonction des résultats 51
Chapitre 5 - Stratégies de contenu et de marketing 54
    Création d'une stratégie de contenu efficace 54
    Utilisation des médias sociaux pour le SEO 56

Élaboration de campagnes de marketing de contenu. 58

Chapitre 6 - Gestion des risques et éthique en SEO 60

    Bonnes pratiques et conformité aux directives des moteurs de recherche.. 61

    Éviter les techniques de référencement abusives 63

    Gestion des pénalités et des mises à jour d'algorithmes 66

Chapitre 7 - Études de cas et exemples pratiques 70

    Analyse de sites web avant et après optimisation SEO 70

    Stratégies de SEO mises en œuvre avec succès 73

Chapitre 8 - Perspectives futures du SEO 75

    Impact des technologies émergentes sur le SEO 77

    Adaptation aux changements constants des moteurs de recherche 78

    Tendances émergentes dans le domaine du référencement 82

Chapitre 9 - Conclusion 87

Chapitre 1
Introduction

Dans le paysage numérique en constante évolution d'aujourd'hui, le SEO (Search Engine Optimization) demeure un pilier essentiel pour la visibilité en ligne et le succès commercial. Avec des milliards de recherches effectuées chaque jour sur des moteurs de recherche tels que Google, Bing et Yahoo, la capacité à se positionner de manière optimale dans les résultats de recherche est cruciale pour toute entreprise cherchant à prospérer dans le monde numérique. Cette importance croissante du SEO a conduit les entreprises à investir massivement dans cette discipline afin d'améliorer leur présence en ligne et de capturer l'attention de leur public cible.

Dans cette étude, nous examinerons de plus près les principes fondamentaux du SEO, en explorant les facteurs clés qui influencent le classement des sites Web dans les résultats de recherche. Nous analyserons également les tendances actuelles et émergentes dans le domaine du SEO, en identifiant les défis et les opportunités pour les entreprises cherchant à améliorer leur présence en ligne. Enfin, nous proposerons des recommandations pratiques pour développer et exécuter une stratégie de SEO efficace, permettant aux entreprises de maximiser leur visibilité et leur succès dans le paysage numérique concurrentiel d'aujourd'hui.

Définition du SEO

L'optimisation des moteurs de recherche (SEO) est plus qu'une simple pratique de marketing en ligne.

Il s'agit d'un ensemble complexe de techniques et de stratégies visant à améliorer la visibilité et le classement d'un site Web dans les résultats des moteurs de recherche tels que Google, Bing, Yahoo et autres.

Pour bien comprendre le référencement, il est essentiel d'avoir une compréhension approfondie du fonctionnement des moteurs de recherche.

Les moteurs de recherche utilisent des algorithmes complexes pour analyser et classer des milliards de pages Web en fonction de leur pertinence par rapport à la requête d'un utilisateur. Cela signifie qu'ils explorent régulièrement le contenu Web à l'aide de robots d'exploration Web, également appelés « araignées ».

Ceux-ci explorent les pages Web en suivant des hyperliens et en indexant les informations pertinentes qu'ils trouvent dans d'énormes bases de données. Lorsqu'un utilisateur effectue une recherche, le moteur de recherche analyse sa requête et vérifie sa base de données pour trouver les pages les plus pertinentes. Pour ce faire, il utilise une série de critères pour classer ces pages et présenter les résultats de manière ordonnée sur la page de résultats du moteur de recherche (SERP).

Mais quels sont ces critères utilisés par les moteurs de recherche pour classer les pages web et les présenter aux utilisateurs?

Il existe de nombreux facteurs, certains étant plus importants que d'autres. Parmi les critères les plus couramment pris en compte, on peut citer:

1. **Pertinence du contenu:** Les moteurs de recherche donnent la priorité aux pages qui répondent le mieux aux besoins des utilisateurs. Cela signifie que le contenu de la page doit être de haute qualité, informatif et répondre avec précision à la requête de l'utilisateur.
2. **Autorité du site:** Les moteurs de recherche accordent de l'importance à l'autorité d'un site web. Cela comprend des facteurs tels que le nombre et la qualité des liens entrants, la réputation du site et son historique en termes de fiabilité et de pertinence.
3. **Expérience utilisateur:** Les moteurs de recherche prennent en compte différents aspects de l'expérience utilisateur, tels que la vitesse de chargement des pages, la convivialité mobile et la facilité de navigation.
4. **Structure du site:** Une structure de site logique, fluide et bien organisée facilite l'exploration par les robots d'indexation et améliore la convivialité pour les utilisateurs.

5. **Facteurs techniques:** Divers aspects techniques tels que les balises meta, les balises d'en-tête, l'optimisation des images et la sécurité du site peuvent également influencer le classement d'une page dans les résultats de recherche.

La compréhension de ces critères est donc essentielle pour développer une stratégie SEO efficace.

Les spécialistes du marketing en ligne doivent être capables d'optimiser chaque aspect d'un site Web pour maximiser sa visibilité et son classement dans les résultats de recherche.

Cela peut impliquer des tâches telles que la création de contenu de qualité, l'optimisation des balises méta, la création de liens entrants, l'amélioration de la vitesse de chargement des pages, etc.

Les moteurs de recherche mettent régulièrement à jour leurs algorithmes, ce qui signifie que les stratégies de référencement doivent constamment être ajustées et améliorées pour suivre ces changements et rester efficaces.

La concurrence dans ce domaine est féroce, ce qui rend encore plus important, pour les professionnels du marketing en ligne, de se tenir au courant des dernières tendances et techniques.

Le SEO est une fondation dans le domaine du marketing en ligne, visant à améliorer la visibilité et le classement d'un site Internet dans les résultats des moteurs de recherche.

Pour réussir dans ce domaine, vous devez avoir une compréhension approfondie du fonctionnement des moteurs de recherche et des critères utilisés pour classer les sites Web.

En combinant une connaissance approfondie de ces aspects avec une stratégie de référencement bien pensée et continuellement ajustée, les spécialistes du marketing peuvent maximiser l'impact de leurs efforts en ligne et atteindre vos objectifs commerciaux.

1.2 Objectif du SEO

L'objectif principal du référencement est d'améliorer le classement d'un site Web dans les résultats de recherche organiques.

Contrairement aux résultats payants qui sont des publicités, les résultats organiques sont obtenus en fonction de la pertinence du contenu et de l'autorité du site Web.

En d'autres termes, le référencement vise à rendre un site Web plus clair, plus attrayant et plus pertinent aux yeux des moteurs de recherche comme Google, Bing et Yahoo. Pour atteindre cet objectif, les experts SEO utilisent diverses techniques, notamment l'optimisation du contenu, l'amélioration de la structure du site, la gestion des backlinks et bien d'autres.

Ces efforts visent à aligner le site web avec les critères de pertinence et d'autorité des moteurs de recherche, ce qui peut conduire à une meilleure position dans les résultats de recherche.

1.3 Aspects techniques et stratégiques du SEO

Le SEO peut être divisé en deux catégories principales : le référencement sur la page et le référencement hors page.

On page SEO: Ce sont toutes les actions réalisées directement sur le site internet pour optimiser son contenu et sa structure. Cela inclut l'optimisation des balises HTML, telles que les titres, les méta descriptions, les balises H1, etc.

De plus, l'amélioration de la qualité et de la pertinence du contenu, la création de balises alt pour les images et l'optimisation de la vitesse de chargement des pages sont également des éléments importants du référencement sur la page.

Off page SEO: Il s'agit d'actions entreprises en dehors du site Web pour renforcer sa réputation et sa crédibilité.

Cela implique principalement de créer des backlinks depuis d'autres sites internet de qualité, de participer à des discussions sur des forums et des réseaux sociaux, de poster des invités sur des blogs externes, etc.Ces activités contribuent à améliorer la réputation d'un site Internet et à renforcer sa crédibilité auprès des moteurs de recherche.

1.4 Suivi et analyse des performances SEO

Une fois qu'une stratégie SEO est mise en œuvre, il est important de surveiller et d'analyser régulièrement les performances du site Web.

Cela permet d'identifier les forces et les faiblesses de votre stratégie de référencement actuelle et de procéder aux ajustements nécessaires pour améliorer les résultats. Les experts SEO utilisent une variété d'outils d'analyse tels que Google Analytics, Google Search Console, etc. Ils fournissent des données précieuses sur le trafic organique, les mots-clés les plus performants, les liens entrants, le comportement des utilisateurs, etc. Grâce à ces informations, les experts SEO peuvent prendre des décisions éclairées pour optimiser davantage la visibilité et les performances de leur site Web sur les moteurs de recherche.

Le SEO est donc un domaine complexe et en constante évolution, nécessitant à la fois des compétences stratégiques et techniques approfondies. Bien maîtrisé, le SEO peut être un levier puissant pour améliorer la visibilité, la réputation, le trafic et les conversions d'un site internet, ce qui en fait un aspect incontournable du marketing digital moderne.

Importance du SEO pour la visibilité en ligne

Le SEO joue un rôle important dans la visibilité en ligne de votre site Web. En fait, la majorité des internautes utilisent les moteurs de recherche pour trouver des informations, des produits et des services. Si votre site Web n'apparaît pas en haut des résultats de recherche, vous courez le risque de ne pas vous faire remarquer et de perdre une partie importante de votre trafic potentiel.

L'évolution des moteurs de recherche et du SEO a été une saga passionnante, marquée par des changements technologiques, des ajustements constants pour répondre aux attentes changeantes des utilisateurs, et des transformations dans les algorithmes de classement. Cette évolution continue à remodeler l'écosystème du référencement en ligne, stimulant ainsi l'innovation dans ce domaine fondamentale du marketing numérique.

1. L'ère des annuaires vers l'avènement des moteurs de recherche

Vous vous en souvenez probablement ! Au début d'Internet, lesannuaires de liens constituaient un moyen populaire de trouver des sites Web. Les webmasters soumettaient des sites Web dans l'espoir d'obtenir des liens et d'augmenter leur visibilité. Avec l'avènement des moteurs de recherche et de leurs algorithmes sophistiqués, cette méthode est rapidement devenue obsolète.

Les moteurs de recherche ont révolutionné la manière dont les utilisateurs naviguent sur le web en proposant une méthode plus efficace et pertinente pour trouver des sites. Les algorithmes ont été développés pour analyser le contenu des pages, évaluer leur pertinence par rapport aux requêtes des utilisateurs et classer les résultats selon leur qualité et leur autorité.

2. De la sur-optimisation à la qualité du contenu

À mesure que les moteurs de recherche se sont perfectionnés, de nombreuses techniques de SEO obsolètes ont été abandonnées au profit de stratégies plus durables axées sur la qualité du contenu.

Au début du SEO, de nombreux webmasters utilisaient des techniques de sur-optimisation telles que le bourrage de mots clés, le contenu en double et les liens artificiels pour manipuler les classements.

Mais ces pratiques étaientrapidement détectés et sanctionnés par les algorithmes de recherche. Aujourd'hui, les moteurs de recherche accordent une importance croissante à la qualité et à la pertinence du contenu. Les sites offrant un contenu unique, informatif et engageant ont plus de chances de bien se classer et de générer un trafic durable.

3. L'émergence du contenu de qualité et de l'expérience utilisateur

Dans le paysage actuel du SEO, la création de contenu de qualité est au cœur des stratégies de référencement. Les moteurs de recherche mettent l'accent sur la valeur que le contenu apporte aux utilisateurs. Cela inclut la pertinence, l'originalité, la crédibilité et l'expérience utilisateur globale.

En parallèle, l'importance des facteurs hors page, tels que les backlinks provenant de sites Web de haute qualité et l'engagement sur les réseaux sociaux, continue de croître.

Les signaux sociaux jouent un rôle de plus en plus important dans le classement des pages, reflétant l'importance de l'interaction et de l'engagement avec le contenu.

4. L'avenir du SEO: l'intelligence artificielle et la recherche vocale

Alors que nous avançons dans le futur, l'intelligence artificielle (IA) devient un élément de plus en plus nécessaire dans le domaine du SEO.

Les moteurs de recherche utilisent des algorithmes d'IA pour comprendre le contexte des requêtes des utilisateurs et fournir des résultats plus précis et personnalisés.

De plus, la recherche vocale est en train de devenir une force dominante. Avec l'essor des assistants vocaux et des appareils intelligents, les utilisateurs recherchent de plus en plus par la voix. Cela nécessite une adaptation des stratégies de SEO pour répondre aux nuances de la recherche vocale et aux requêtes conversationnelles. L'évolution des moteurs de recherche et du SEO est une histoire intéressante de changement et d'adaptation. Des annuaires de liens à l'IA et à la recherche vocale, ainsi que le référencement en ligne continuent d'évoluer pour répondre aux besoins des utilisateurs et aux demandes des moteurs de recherche. Les webmasters et les spécialistes du marketing numérique doivent rester à l'avant-garde de ces évolutions pour garantir la visibilité et le succès de leur site Web dans un environnement numérique en constante évolution.

3.3 De l'indexation mobile à la recherche vocale

Avec la prolifération des smartphones et des appareils connectés, les habitudes de recherche des utilisateurs ont considérablement évolué. De plus en plus de personnes utilisent désormais leur téléphone portable pour naviguer sur Internet, ce qui a incité les moteurs de recherche à adapter leurs algorithmes pour favoriser les sites web optimisés pour les appareils mobiles.

Dans le même temps, la recherche vocale est apparue comme une nouvelle tendance, avec l'avènement des assistants personnels intelligents tels que Siri, Google Assistant et Amazon Alexa. Les utilisateurs utilisent désormais des requêtes vocales plus naturelles et interagissent avec les moteurs de recherche de manière conversationnelle, similaire à l'interaction humaine.

Adaptation des algorithmes de recherche pour les appareils mobiles

Avec la prédominance des smartphones, les moteurs de recherche ont ajusté leurs algorithmes pour privilégier les sites web adaptés aux appareils mobiles. Cela inclut des critères tels que la compatibilité avec les écrans de petite taille, la vitesse de chargement optimisée et la convivialité tactile. Les sites web qui ne répondent pas à ces critères risquent de perdre leur visibilité dans les résultats de recherche mobiles.

Émergence de la recherche vocale

La recherche vocale offre une nouvelle façon d'interagir avec les moteurs de recherche, en permettant aux utilisateurs de formuler des requêtes de manière naturelle et conversationnelle. Les moteurs de recherche ont dû adapter leurs algorithmes pour comprendre et répondre efficacement à ces requêtes vocales. Cela implique de prendre en compte des éléments tels que la langue naturelle, les nuances de la conversation et la recherche basée sur la localisation.

Répercussions sur les stratégies de SEO

Les spécialistes du SEO doivent tenir compte de ces évolutions dans leurs stratégies visant à maintenir ou à améliorer le classement d'un site Web dans les résultats de recherche.

Cela peut inclure des tactiques telles que l'optimisation de votre contenu pour les requêtes vocales, l'amélioration de la réactivité mobile et la mise en œuvre de balises structurées pour faciliter l'indexation des moteurs de recherche.

3.4 De la personnalisation à l'intelligence artificielle

Les moteurs de recherche exploitent de plus en plus l'intelligence artificielle (IA) et l'apprentissage automatique pour personnaliser les résultats de recherche en fonction des préférences et du comportement de chaque utilisateur. Cette personnalisation signifie que deux utilisateurs effectuant la même requête peuvent recevoir des résultats différents en fonction de leur historique de recherche, de leur emplacement géographique et d'autres facteurs contextuels.

Pour les spécialistes du SEO, cette évolution représente un défi majeur en termes de personnalisation decontenu et d'optimisation pour une audience diversifiée. Les stratégies de SEO doivent désormais prendre en compte la personnalisation des résultats de recherche et s'adapter en conséquence pour rester pertinentes et compétitives dans un environnement en constante évolution.

Utilisation de l'IA dans la personnalisation des résultats de recherche

Les moteurs de recherche utilisent des algorithmes d'IA pour analyser les données utilisateur et fournir des résultats de recherche personnalisés. Cela peut inclure la prise en compte des préférences passées de l'utilisateur, de son comportement de navigation et de ses interactions avec les résultats de recherche précédents. L'objectif est de présenter des résultats plus pertinents et adaptés à chaque utilisateur individuel.

Défis pour les spécialistes du SEO

La personnalisation des résultats de recherche pose des défis particuliers aux professionnels du SEO. Non seulement ils doivent s'assurer que leur contenu figure bien dans les résultats de recherche, mais également qu'il correspond aux besoins et préférences spécifiques de chaque utilisateur. Cela nécessite une compréhension approfondie du public cible et un ajustement continu des stratégies de référencement en fonction des données et des tendances émergentes.

Adaptation des stratégies de SEO à l'IA

Les spécialistes du SEO doivent intégrer l'IA et l'apprentissage automatique dans leurs stratégies pour rester compétitifs. Cela inclut l'utilisation d'outils d'analyse avancés pour comprendre le comportement des utilisateurs et optimiser le contenu afin de répondre aux besoins des publics personnalisés.

De plus, une approche agile et réactive est essentielle pour s'adapter aux mises à jour continues des algorithmes de recherche et aux changements de comportement des utilisateurs. Des développements tels que l'indexation mobile, la recherche vocale et la personnalisation des résultats de recherche basée sur l'IA changent le paysage du SEO.

Compréhension des moteurs de recherche : un guide approfondi

Dans le monde numérique d'aujourd'hui, les moteurs de recherche jouent un rôle vital en permettant aux utilisateurs d'explorer et d'accéder à une multitude d'informations disponibles sur le web. Leur fonctionnement, bien que complexe, peut être décrit en quelques étapes qui façonnent notre expérience quotidienne en ligne.

Exploration (Crawling)

Lorsqu'un utilisateur lance une recherche sur un moteur de recherche, il déclenche un processus complexe qui commence par l'exploration du web par des programmes automatisés appelés "robots" ou "bots". Communément connus sous le nom de "spiders", ces robots parcourent le web en suivant les liens d'une page à une autre. Leur mission initiale est de découvrir de nouvelles pages web et de les rendre accessibles aux utilisateurs. Ils débutent souvent leur parcours à partir des pages les plus populaires, puis naviguent à travers les différents liens pour dénicher des contenus inédits à indexer.

Indexation

Une fois qu'une page est découverte, elle passe par le processus d'analyse et d'indexation du moteur de recherche. Ce processus est important car il permet aux moteurs de recherche de comprendre et de catégoriser le contenu de votre page.

L'indexation consiste à extraire diverses informations, telles que le contenu du texte, les balises HTML et les liens externes. Ces informations sont stockées dans une structure de données organisée pour faciliter la récupération ultérieure.

Traitement des requêtes

Lorsqu'un utilisateur lance une requête de recherche dans un moteur de recherche, il recherche dans son index pour trouver les pages pertinentes en fonction des mots-clés de la requête de recherche.

Bien que ce processus de recherche puisse paraître simple à première vue, il repose en réalité sur des algorithmes sophistiqués qui prennent en compte de nombreux facteurs pour catégoriser et filtrer les résultats. L'objectif est d'afficher les pages les plus pertinentes et utiles en haut de la liste des résultats.

La complexité des algorithmes

Il est important de souligner que les algorithmes utilisés par les moteurs de recherche sont extrêmement complexes. Ils prennent en compte une multitude de facteurs pour déterminer la pertinence d'une page web. Ils peuvent inclure la qualité du contenu, la popularité de la page, l'autorité du site, la pertinence des mots-clés, et bien d'autres encore. Les moteurs de recherche mettent constamment à jour leurs algorithmes pour améliorer la qualité des résultats et l'expérience de l'utilisateur.

Les défis de la recherche d'information

Bien que les moteurs de recherche aient considérablement simplifié l'accès à l'information, ils ne sont pas sans défis. La surcharge d'informations et la prolifération de contenu de qualité variable rendent parfois difficile la tâche de trouver des informations précises et fiables. De plus, certains utilisateurs peuvent être confrontés à des biais de recherche, où les résultats présentés sont influencés par des facteurs tels que la localisation géographique, les préférences personnelles, ou même des algorithmes de filtrage.

L'évolution des moteurs de recherche

Les moteurs de recherche ont également considérablement évolué au fil des années pour répondre aux besoins changeants des utilisateurs et des entreprises. Des fonctionnalités telles que la recherche vocale, la recherche sémantique et la personnalisation des résultats sont devenues monnaie courante. De plus, l'émergence de nouveaux moteurs de recherche axés sur la confidentialité, tels que DuckDuckGo, illustre la diversité croissante du marché.

Fonctionnement des algorithmes de classement

Les algorithmes de classement des moteurs de recherche sont conçus pour analyser rapidement des milliards de pages web et les classer en fonction de leur pertinence par rapport à une requête donnée. Ils prennent en compte un large éventail de facteurs pour déterminer le classement d'une page, notamment la pertinence du contenu, la qualité des liens entrants, l'autorité du domaine, l'actualité et bien d'autres encore.

L'un des facteurs clés pris en compte par les algorithmes est la pertinence du contenu. Les moteurs de recherche analysent le texte d'une page pour déterminer si elle répond aux besoins de l'utilisateur. Cela implique l'utilisation de techniques sophistiquées telles que l'analyse sémantique et le traitement du langage naturel pour comprendre le sens et le contexte du contenu.

Un autre facteur important est la qualité des liens entrants, également connue sous le nom de backlinks. Les moteurs de recherche considèrent les liens provenant d'autres sites web comme des votes de confiance pour une page donnée. Ainsi, plus une page reçoit de liens de qualité, plus elle est susceptible de bénéficier d'un meilleur classement dans les résultats de recherche.

Outre ces facteurs, les algorithmes de classement prennent également en compte des aspects techniques tels que la vitesse de chargement de la page, la convivialité mobile et la sécurité du site. Tous ces éléments contribuent à déterminer la position d'une page dans les résultats de recherche.

Impact sur la pertinence des résultats

Le but ultime des algorithmes de classement est de fournir des résultats pertinents et utiles aux utilisateurs. En évaluant de nombreux facteurs, ces algorithmes tentent d'afficher les pages de haute qualité les plus pertinentes pour satisfaire une requête donnée.

Bien que complexe, l'algorithme de classement n'est pas parfait et peut parfois produire des résultats inexacts ou incomplets. Cela peut être dû à divers facteurs, tels qu'une manipulation intentionnelle des classements (connue sous le nom de référencement abusif), des changements rapides dans le paysage en ligne ou des failles dans l'algorithme lui-même. Pour relever ces défis, les moteurs de recherche se mettent continuellement à jour et introduisent de nouvelles fonctionnalités pour améliorer la pertinence des résultats.

Par exemple, Google déploie régulièrement des mises à jour majeures de ses algorithmes, comme Panda, Penguin et Hummingbird, pour mieux répondre aux besoins des utilisateurs et filtrer les contenus de mauvaise qualité.

Évolution des algorithmes de classement

Au fil des années, les algorithmes de classement des moteurs de recherche ont considérablement évolué pour s'adapter aux changements dans les comportements des utilisateurs et dans le paysage numérique. Dans les premiers jours d'Internet, les moteurs de recherche utilisaient des méthodes relativement simples pour classer les pages, principalement en se basant sur la densité des mots-clés et le nombre de liens entrants.

Cependant, avec l'essor du web et l'explosion du contenu en ligne, il est devenu nécessaire de développer des algorithmes plus sophistiqués pour maintenir la qualité des résultats de recherche. Cela a conduit à l'émergence de techniques telles que le PageRank de Google, qui utilise l'algorithme des chaînes de Markov pour évaluer la pertinence des pages en fonction de leur popularité et de la qualité de leurs liens entrants.

Aujourd'hui, les algorithmes de classement des moteurs de recherche sont devenus extrêmement complexes, intégrant d'innombrables signaux et facteurs pour évaluer la pertinence d'une page.

En plus des facteurs mentionnés précédemment, les moteurs de recherche prennent également en compte des éléments tels que l'engagement des utilisateurs, la fraîcheur du contenu et l'emplacement géographique pour personnaliser davantage les résultats en fonction des besoins individuels de chaque utilisateur. Les algorithmes de classement des moteurs de recherche jouent un rôle décisif dans la manière dont nous accédons aux informations en ligne.

En analysant de nombreux facteurs, ces algorithmes s'efforcent de fournir des résultats pertinents et de haute qualité aux utilisateurs à chaque requête.

Bien que complexes, ils ne sont pas sans défis et nécessitent une surveillance et une adaptation continue pour maintenir leur efficacité dans un environnement en constante évolution.

En comprenant le fonctionnement de ces algorithmes, nous pouvons mieux apprécier le travail derrière chaque recherche en ligne et prendre des décisions plus éclairées dans notre recherche d'informations sur le Web.

Les moteurs de recherche sont devenus indispensables dans la manière dont les utilisateurs naviguent sur Internet et accèdent aux informations pertinentes. Pour fournir des résultats pertinents et utiles, ces moteurs utilisent une variété d'algorithmes de classement sophistiqués. Dans ce développement, nous explorerons certains des principaux algorithmes de classement utilisés par les moteurs de recherche, en mettant l'accent sur leur fonctionnement et leur impact sur la pertinence des résultats. Parmi les algorithmes les plus influents, on trouve le PageRank de Google, TF-IDF, LSA, le machine learning et les algorithmes sociaux.

1. PageRank (Google)

PageRank, développé par Google, est l'un des premiers et des plus célèbres algorithmes de classement. Il évalue la pertinence d'une page en analysant le nombre et la qualité des liens entrants qu'elle reçoit. En effet, plus une page reçoit de liens provenant d'autres sites de haute qualité, plus elle est susceptible d'être bien classée dans les résultats de recherche. Cela a conduit à une culture du « link building », où les webmasters s'efforcent d'obtenir des liens de qualité vers leur site pour améliorer leur positionnement dans les résultats de recherche.

2. TF-IDF (Term Frequency Inverse Archive Recurrent)

TF-IDF est un autre algorithme largement utilisé pour évaluer la pertinence d'un terme dans un corpus.

Il prend en compte à la fois la fréquence du terme dans l'enregistrement (TF) et la sous-importance dans l'ensemble du magasin de disques (IDF).

Par conséquent, les termes qui apparaissent fréquemment dans la notice mais rarement dans l'ensemble du corpus sont considérés comme plus pertinents.

Cela permet de mettre en évidence les mots-clés importants dans l'enregistrement et de les utiliser pour le classer de manière appropriée dans les résultats de recherche.

3. LSA (IdleSemantic Testing)

LSA est une routine de traitement du langage naturel qui contrôle la compréhension du sens inutilisé des mots dans un enregistrement.

Il analyse la structure sémantique du texte pour déterminer les similitudes entre les mots et les rapports, qui peuvent être utilisées pour améliorer la pertinence des résultats de recherche.

En intégrant la sémantique dans le processus de classement, les moteurs de recherche peuvent mieux comprendre les préférences des utilisateurs et fournir des résultats plus pertinents.

4. Machine Learning

De nombreux moteurs de recherche utilisent des techniques d'apprentissage automatique pour améliorer leurs algorithmes de classement.

Ces techniques permettent aux moteurs de recherche d'apprendre du comportement des utilisateurs et de personnaliser les résultats en fonction de leurs intérêts et de leur historique de recherche.

Par exemple, les moteurs de recherche peuvent utiliser des algorithmes d'apprentissage automatique pour comprendre les habitudes de recherche des utilisateurs et leur fournir des résultats adaptés à leurs intérêts spécifiques.

5. Algorithmes sociaux

Certains moteurs de recherche intègrent des signaux sociaux dans leurs algorithmes de classement. Cela inclut des facteurs tels que le nombre de partages sociaux ou le nombre de mentions sociales.

Ils peuvent indiquer la popularité ou la pertinence d'une page, ce qui peut affecter son classement dans les résultats de recherche.

Principaux moteurs de recherche

Bien qu'il existe de nombreux moteurs de recherche, certains dominent le marché et sont largement utilisés dans le monde entier. Parmi eux figurent Google, Bing, Yahoo et autres.

Ils utilisent une combinaison d'algorithmes de classement complexes pour fournir des résultats pertinents et utiles à leurs utilisateurs.

Ces algorithmes évoluent constamment pour s'adapter aux changements de comportement des utilisateurs et de contenu Web, garantissant ainsi une expérience de recherche de haute qualité.

Chacun de ces moteurs possède ses propres caractéristiques, avantageset inconvénients. Examinons de plus près chaque facteur pour mieux comprendre comment ils fonctionnent et comment ils affectent notre expérience en ligne.

Google

Il ne fait aucun doute que Google est le roi des moteurs de recherche.

Fondé en 1998 par Larry Page et Sergey Brin, Google est célèbre pour son algorithme de classement PageRank, qui a révolutionné la pertinence des résultats de recherche.

En plus de la recherche, Google propose une myriade de services en ligne, de la messagerie avec Gmail à la cartographie avec Google Maps, en passant par le visionnage de vidéos sur YouTube.

Cette diversification lui confère une position dominante dans le paysage numérique mondial.

Bing

Développé par Microsoft et lancé en 2009, Bing est une alternative à Google, bien qu'il reste loin derrière en termes de part de marché. Bing offre une interface propre et des fonctionnalités similaires à celles de Google, bien que son algorithme de classement soit légèrement différent. Malgré ses efforts pour gagner du terrain, Bing peine à concurrencer l'hégémonie de Google.

Yahoo

Autrefois un géant du web, Yahoo a perdu de sa superbe au fil des ans, principalement en raison de la montée en puissance de Google. Bien que son moteur de recherche soit toujours disponible, Yahoo est désormais plus connu pour ses services de messagerie et d'actualités.

Baidu

Le marché chinois a son propre leader en matière de moteur de recherche, Baidu. Fondé en 2000, Baidu offre des services similaires à Google, mais adaptés aux particularités de la langue et de la culture chinoises. Son algorithme de classement est spécialement conçu pour répondre aux besoins des utilisateurs chinois, ce qui en fait le moteur de recherche préféré en Chine.

Yandex

Yandex est un leader en Russie et dans d'autres pays de la CEI.

Fondée en 1997, Yandex propose des services en ligne complets avec des algorithmes de classement optimisés pour la langue russe et le contexte russe. Sa position dominante dans la région fait de l'entreprise un acteur majeur sur la scène internationale des moteurs de recherche.

Son fonctionnement repose sur des algorithmes avancés qui analysent et indexent le contenu Web et fournissent des résultats pertinents aux utilisateurs.

Malgré la domination de géants comme Google, d'autres moteurs de recherche tels que Bing, Yahoo, Baidu et Yandex continuent de jouer un rôle important dans différentes régions du monde, ajoutant à la diversité de l'expérience numérique mondiale.

Il est essentiel de reconnaître que le paysage des moteurs de recherche est en constante évolution. Les avancées technologiques, les changements dans les comportements des utilisateurs et les exigences des algorithmes de classement contribuent à cette évolution continue. Pour rester compétitifs dans ce domaine, les spécialistes du SEO doivent être constamment à l'affût des dernières tendances et doivent adapter leurs stratégies en conséquence.

Chapitre 2

Fondements du SEO: un guide complet

Le SEO (Search Engine Optimization) est un élément clé du succès en ligne dans l'environnement numérique. Les entreprises, les blogueurs et les créateurs de contenu doivent comprendre et maîtriser les bases pour augmenter leur visibilité en ligne et atteindre leur public cible.

Ce guide détaille les éléments de base du SEO, avec un accent particulier sur la sélection de mots-clés pertinents, la structure et l'organisation du contenu, l'optimisation des balises HTML et la création d'un contenu de premier ordre.

Choix des mots-clés pertinents

Le choix des mots-clés pertinents représente le pilier d'une stratégie SEO efficace. Les mots-clés désignent les termes ou les expressions que les utilisateurs saisissent dans les moteurs de recherche pour trouver des informations pertinentes. Pour sélectionner les termes adéquats, il est essentiel de comprendre le comportement de recherche de votre public cible et d'évaluer la concurrence. Voici quelques étapes pour choisir les bons mots-clés :

1. Analyse de la concurrence

- Identifiez les mots-clés utilisés par vos concurrents.
- Évaluez la concurrence pour ces mots-clés en utilisant des outils SEO tels que SEMrush, Ahrefs ou Google Keyword Planner.

2. Recherche de mots-clés

- Servez-vous d'outils de recherche de mots-clés pour découvrir des termes pertinents pour votre domaine.
- Explorez les mots-clés longue traîne, qui sont plus spécifiques et présentent moins de concurrence.

3. Évaluation de la pertinence

- Choisissez des mots-clés pertinents pour votre contenu et votre public cible.
- Tenez compte de la recherche de mots-clés saisonnière ou tendancielle pour tirer parti des sujets d'actualité.

4. Suivi et ajustement

- Surveillez les performances de vos mots-clés à l'aide d'outils d'analyse SEO.
- Modifiez votre stratégie de mots-clés en fonction des tendances et des changements dans le comportement de recherche.

Structure et organisation du contenu

Choisir des mots-clés pertinents est donc une étape importante dans l'élaboration d'une stratégie SEO efficace. En comprenant les besoins de votre public cible et en surveillant attentivement vos concurrents, vous pouvez optimiser votre contenu pour attirer un trafic qualifié et améliorer votre classement dans les résultats de recherche.

La structuration et l'organisation du contenu sont des éléments cruciaux pour maximiser l'impact sur le référencement naturel (SEO). Une fois que vous avez identifié les mots-clés pertinents pour votre contenu, il faut les intégrer de manière stratégique tout en maintenant la qualité et la pertinence du contenu. Voici quelques pratiques recommandées pour structurer et organiser efficacement votre contenu.

1. Création de contenu de haute qualité

La qualité du contenu est primordiale pour attirer et retenir l'attention de votre public. Un contenu informatif, engageant et pertinent est important pour démontrer votre crédibilité et votre autorité dans votre domaine.

Assurez-vous d'utiliser un langage clair et compréhensible et de fournir des informations précieuses à vos lecteurs. Un titre accrocheur et une introduction engageante sont également essentiels pour capter l'intérêt dès le départ.

2. Utilisation de la structure de balisage appropriée

L'utilisation correcte des balises de titre (H1, H2, H3, etc.) est importante pour que votre contenu reste logiquement organisé et facile à lire.

Les balises de titre aident également les moteurs de recherche à comprendre la structure et la signification des différentes sections de votre contenu.

Assurez-vous que chaque page possède une balise de titre unique et descriptive et utilisez des mots-clés pertinents le cas échéant

3. Optimisation de la longueur du contenu

Votre objectif est de créer un contenu complet et détaillé qui répond aux besoins et aux questions de votre public.Évitez les contenus trop longs qui pourraient perdre l'attention du lecteur l'équilibre est la clé.

Fournissez suffisamment d'informations pour être utiles, mais évitez les contenus redondants ou superficiels qui peuvent diluer le message.

4. Utilisation de mots-clés de manière naturelle

L'intégration de mots-clés dans votre contenu est importante pour aider les moteurs de recherche à comprendre de quoi parle votre contenu et à quel public il s'adresse. Il est essentiel d'utiliser ces mots-clés de manière organique et naturelle, sans compromettre la lisibilité ou la qualité du contenu. Évitez de surcharger votre texte avec des mots-clés, car cela peut sembler artificiel et nuire à l'expérience utilisateur.

5. Optimisation de la vitesse de chargement de la page

La vitesse de chargement des pages est un facteur majeur affectant l'expérience utilisateur et le référencement. Les utilisateurs sont impatients et susceptibles de quitter le site Web si le chargement prend trop de temps. Pour améliorer la vitesse de chargement, optimisez les images en les compressant sans perte de qualité, en réduisant les scripts et les fichiers CSS et en utilisant la mise en cache pour réduire les temps de chargement des pages récurrentes.

Un site rapide et réactif améliorera non seulement votre expérience utilisateur, mais également votre classement dans les moteurs de recherche.

En suivant ces bonnes pratiques, vous pouvez structurer et organiser votre contenu de manière à maximiser son impact sur le SEO et à offrir une expérience utilisateur optimale aux visiteurs.

Optimisation des balises HTML pour le SEO

Les balises HTML jouent un rôle essentiel dans le référencement naturel (SEO) d'un site web. Elles fournissent aux moteurs de recherche des indications cruciales sur le contenu de chaque page. Dans cette section, nous explorerons en détail les meilleures pratiques pour optimiser différentes balises HTML afin d'améliorer le classement dans les résultats de recherche.

1. Balise de titre (Title)

La balise de titre (Title) est l'un des éléments les plus importants en termes de SEO. Elle définit le titre de la page qui apparaît dans les résultats de recherche. Voici quelques conseils pour optimiser cette balise :

Unicité et descriptivité : Chaque page doit avoir un titre unique et descriptif, qui résume clairement le contenu de la page.

Utilisation de mots-clés : Intégrez judicieusement des mots-clés pertinents dans la balise de titre pour améliorer la visibilité de la page dans les résultats de recherche.

2. Meta description

La balise <metaname="description"> fournit une description concise du contenu de la page. Bien qu'elle n'ait pas directement d'impact sur le classement, elle influence le taux de clics (CTR) des résultats de recherche. Voici comment l'optimiser :

Conviction et pertinence : Rédigez des méta-descriptions convaincantes qui incitent les utilisateurs à cliquer en offrant un aperçu attractif du contenu.

-Utilisation naturelle des mots-clés : Intégrez les mots-clés de manière naturelle dans la méta-description pour renforcer la pertinence et améliorer le CTR.

3. Balises d'en-tête (Header)

Les balises d'en-tête, telles que `<h1>`, `<h2>`, `<h3>`, etc., organisent le contenu de la page en sections et sous-sections. Elles jouent un rôle important dans la structuration du contenu pour les utilisateurs et les moteurs de recherche. Voici comment les optimiser :

Structuration hiérarchique : Utilisez les balises d'en-tête pour organiser le contenu de manière logique et indiquer sa hiérarchie.

Intégration de mots-clés : Incluez judicieusement des mots-clés pertinents dans les balises d'en-tête pour renforcer la pertinence du contenu aux yeux des moteurs de recherche.

4. Balises d'image (Alt text)

Les balises alt `<img>` fournissent une description textuelle des images pour les utilisateurs ayant des problèmes de vision et pour les moteurs de recherche. Voici comment les optimiser pour le SEO :

Description pertinente : Incluez des descriptions précises et pertinentes des images dans les balises alt pour aider les moteurs de recherche à comprendre le contenu visuel de la page.

Utilisation de mots-clés : Lorsque cela est approprié, intégrez des mots-clés dans les balises alt pour renforcer la pertinence. Cependant, évitez le bourrage de mots-clés, car cela peut être perçu comme du spam par les moteurs de recherche.

L'optimisation des balises HTML est une étape majeure dans toute stratégie de référencement naturel. En suivant ces meilleures pratiques, vous pouvez améliorer la visibilité de votre site web dans les résultats de recherche et augmenter son trafic organique.

Création de contenu de qualité et d'originalité

Dans le monde de l'optimisation des moteurs de recherche (SEO), il est important de créer un contenu original et de haute qualité pour capter l'attention des utilisateurs et des moteurs de recherche.

Cet aspect est essentiel pour réussir dans un environnement numérique de plus en plus compétitif.

Ce développement examinera de plus près les différents aspects de la création de contenu de haute qualité et les meilleures pratiques pour optimiser votre stratégie de référencement.

Recherche approfondie : fondation de contenu de qualité

Une recherche approfondie sur le sujet est essentielle avant de commencer à rédiger du contenu. Cela garantit que le contenu que vous fournissez est précieux et pertinent pour votre public.La recherche comprend l'analyse des mots-clés, l'étude des tendances du marché et la compréhension des besoins et des préoccupations de votre public cible.

Investir du temps à ce stade précoce garantira que votre contenu répond aux attentes de votre public et apporte de la valeur.

Développer une voix unique: se démarquer de la concurrence

Une fois que vous avez compris le sujet, il est temps de développer une voix unique pour votre contenu. Cette voix doit être reconnaissable et distincte, permettant à votre marque de se démarquer de la concurrence. En adoptant une approche authentique et en exprimant votre identité de manière cohérente à travers votre contenu, vous pouvez renforcer la fidélité de votre audience et établir une connexion plus profonde avec eux.

Intégration de contenu multimédia : augmenter l'engagement

L'intégration d'éléments multimédias tels que des images, des vidéos et des graphiques est essentielle pour rendre votre contenu plus attrayant et engageant. Les médias visuels peuvent aider à capturer l'attention de votre audience et à transmettre efficacement des informations complexes. En fournissant un contenu multimédia de haute qualité, vous pouvez augmenter l'engagement de votre public et prolonger leur temps passé sur votre site.

Actualisation régulière : Maintenir la pertinence

Il est nécessaire de mettre à jour régulièrement votre contenu pour qu'il reste pertinent et à jour. Les moteurs de recherche accordent une importance particulière à la fraîcheur du contenu, et les utilisateurs sont plus susceptibles de revenir sur un site qui offre des informations actualisées. En gardant votre contenu à jour, vous montrez également votre engagement envers votre audience et votre volonté de fournir des informations précises et fiables.

Engagement avec le public : Fidélisation et partage

Encourager l'engagement avec votre contenu est essentiel pour développer une communauté fidèle autour de votre marque. Répondez aux commentaires, posez des questions et incitez les utilisateurs à partager leurs opinions. En créant un dialogue avec votre audience, vous pouvez renforcer les relations, recueillir des informations précieuses et encourager le partage de votre contenu sur les réseaux sociaux et d'autres plateformes en ligne.

L'importance du contenu dans le SEO

Un contenu de qualité et original est un pilier essentiel du référencement. En comprenant et en mettant en œuvre les principes d'une recherche approfondie, en développant une voix unique, en intégrant du contenu multimédia et en actualisant et en engageant régulièrement votre public, vous pouvez améliorer considérablement votre visibilité en ligne et atteindre vos objectifs commerciaux.

En suivant ces conseils et bonnes pratiques, vous pouvez vous positionner pour être mieux classé dans les moteurs de recherche et attirer du trafic qualifié vers votre site Web.

Chapitre 3
Techniques avancées de SEO

Optimisation pour la recherche locale

L'optimisation pour la recherche locale est une composante capitale de toute stratégie de référencement (SEO) pour les entreprises physiques telles que les magasins de détail, les restaurants, ou les services locaux. Avec une augmentation constante de l'utilisation des moteurs de recherche par les consommateurs pour trouver des entreprises locales, il est impératif d'être bien positionné dans les résultats de recherche locale afin d'attirer un trafic pertinent vers votre entreprise.

Pour maximiser votre visibilité dans les résultats de recherche locaux, plusieurs techniques et bonnes pratiques doivent être mises en place.

1. Inclusion d'informations précises sur votre site web:

Commencez par fournir des informations détaillées et précises sur votre entreprise sur votre site Web. Cela doit inclure votre adresse physique, votre numéro de téléphone, vos heures d'ouverture et une description détaillée de votre produit ou service. Ces détails aident les moteurs de recherche à comprendre la nature de votre entreprise et à vous classer de manière appropriée dans les résultats de recherche locaux.

Assurez-vous également d'inclure des mots-clés pertinents liés à votre situation géographique dans le contenu de votre site Web. Cela aide votre site Web à devenir plus pertinent pour les recherches locales des utilisateurs.

2. Création et mise à jour de votre fiche Google My Business:

Google My Business est un outil puissant pour les entreprises locales car il permet à votre entreprise d'apparaître dans les résultats de recherche locale sur Google Maps ainsi que dans la recherche Google locale. Assurez-vous de créer et de revendiquer votre fiche Google My Business, et de la maintenir régulièrement mise à jour avec des informations précises.

3. Encouragement des avis positifs:

Les avis clients jouent un rôle important dans le classement des résultats de recherche locaux. Les avis positifs peuvent non seulement améliorer votre réputation en ligne, mais également accroître la crédibilité de votre entreprise aux yeux des moteurs de recherche.

Encouragez les clients satisfaits à laisser des avis positifs sur votre fiche Google My Business et sur d'autres plateformes pertinentes. Vous pouvez le faire en les encourageant à partager leurs expériences après avoir acheté ou utilisé vos services.

L'optimisation de la recherche locale est une stratégie essentielle pour les entreprises physiques qui cherchent à améliorer leur visibilité en ligne et à attirer un trafic pertinent.

Apparaissez dans les résultats de recherche locale et attirez l'attention des clients potentiels de votre région en incluant des informations commerciales précises sur votre site Web, en optimisant votre fiche Google My Business et en encourageant les avis positifs. La possibilité augmente.

L'utilisation efficace des backlinks et l'optimisation pour les appareils mobiles sont deux aspects importants de l'optimisation des moteurs de recherche (SEO) modernes.Ce développement examine de plus près ces deux facteurs et explique comment ils affectent le classement d'un site Web dans les résultats de recherche.

Utilisation des backlinks de manière efficace

Les backlinks, également connus sous le nom de liens entrants, jouent un rôle crucial dans le référencement. Ils représentent des votes de confiance de la part d'autres sites web, renforçant ainsi l'autorité et la crédibilité d'un site. Cependant, ils ne sont pas créés égaux. Pour une utilisation efficace des backlinks, il est crucial de privilégier la qualité sur la quantité.

1. **Recherche de backlinks pertinents et de haute qualité:** La qualité des backlinks est déterminée en grande partie par la pertinence et l'autorité du site source. Ceux provenant de sites web pertinents dans votre domaine d'activité et ayant une autorité élevée sont plus précieux aux yeux des moteurs de recherche. Il est donc essentiel de rechercher activement de telles opportunités.
2. **Collaborations et contenu invité:** Une approche courante pour obtenir des backlinks de qualité est d'établir des collaborations avec d'autres sites web ou de proposer du contenu invité. En proposant des articles, des études de cas ou des infographies pertinentes et de haute qualité à des sites web de confiance, vous pouvez obtenir des backlinks précieux tout en renforçant votre présence en ligne.
3. **Création de contenu de qualité:** Un contenu de qualité et informatif est un aimant naturel pour les backlinks. Les infographies, les études de cas, les guides et les articles de blog bien recherchés et bien présentés sont plus susceptibles d'être partagés et de générer des backlinks organiques.
4. **Surveillance et désaveu des backlinks:** Il est important de surveiller régulièrement les backlinks de votre site à l'aide d'outils tels que Google Search Console ou Ahrefs. Cela vous permet d'identifier ceux qui proviennent de sites web spammy ou de mauvaise qualité, que vous pouvez ensuite désavouer pour éviter toute sanction de la part des moteurs de recherche.

Optimisation pour les appareils mobiles

Avec l'essor de l'utilisation des smartphones, l'optimisation pour les appareils mobiles est devenue une considération essentielle pour tout site web cherchant à améliorer son classement dans les résultats de recherche. Les moteurs de recherche, en particulier Google, accordent désormais une grande importance à la convivialité mobile lors de l'évaluation de la pertinence et de la qualité d'un site web.

1. **Responsive design:** Un site web doté d'un design responsif s'adapte de manière transparente à différents types d'appareils et de tailles d'écran, offrant une expérience utilisateur optimale quelle que soit la plateforme utilisée. Un tel design permet de garantir que votre site est facilement accessible et utilisable sur les smartphones, ce qui est essentiel pour répondre aux exigences des moteurs de recherche.

2. **Vitesse de chargement:** Les utilisateurs mobiles sont souvent confrontés à des connexions Internet plus lentes, ce qui rend la vitesse de chargement d'autant plus critique sur les appareils mobiles. Un site web optimisé pour les appareils mobiles doit être rapide à charger, minimisant ainsi les temps d'attente et offrant une expérience utilisateur fluide et satisfaisante.

3. **Contenu adapté aux mobiles:** Le contenu d'un site web doit être présenté de manière à être facilement consommé sur les appareils mobiles. Cela peut impliquer la simplification des mises en page, la

réduction des éléments graphiques lourds et la mise en évidence des informations essentielles pour une meilleure lisibilité sur de petits écrans.
4. **Optimisation des fonctionnalités mobiles:** Outre la conception et le contenu, les fonctionnalités interactives telles que les formulaires de contact ou les boutons d'appel à l'action doivent être optimisées pour les appareils mobiles. Cela garantit que les utilisateurs mobiles peuvent facilement interagir avec votre site sans rencontrer de problèmes de compatibilité ou de convivialité.

Les moteurs de recherche préfèrent les sites Web qui offrent une expérience utilisateur adaptée aux mobiles, ce qui fait de l'optimisation mobile un élément essentiel de l'optimisation des moteurs de recherche.

En adoptant une approche axée sur la conception réactive, la vitesse de chargement, le contenu adapté aux mobiles et l'optimisation des fonctionnalités mobiles, les propriétaires de sites Web peuvent améliorer considérablement les classements de recherche et créer une expérience utilisateur optimale pour les visiteurs mobiles.

L'optimisation de votre site Web pour les appareils mobiles est devenue essentielle à l'ère numérique d'aujourd'hui, Avec l'augmentation rapide de l'utilisation des smartphones et des tablettes, il est essentiel pour les propriétaires de sites Web de s'assurer que leur contenu est accessible et fonctionne bien sur tous les types d'appareils.

Une approche appelée responsive design est souvent recommandée à cet effet. Le Responsive Design vise à créer des sites Web qui s'adaptent de manière transparente à différents types et tailles d'écran, offrant une expérience utilisateur cohérente quelle que soit la plateforme utilisée. Cela permet aux concepteurs et aux développeurs de garantir que le contenu du site Web est bien placé et facilement accessible, que ce soit sur un smartphone, une tablette ou un ordinateur de bureau.

L'une des principales considérations lors de la conception d'un site Web pour appareils mobiles est la lisibilité et la facilité de navigation sur les petits écrans.Les utilisateurs mobiles ont souvent des besoins et des comportements différents de ceux des utilisateurs d'ordinateurs de bureau. Il est donc important de concevoir des interfaces intuitives et conviviales pour ces appareils. Cela inclut l'utilisation de polices faciles à lire, de boutons et de liens suffisamment grands pour pouvoir cliquer facilement avec votre doigt, ainsi que de menus simplifiés pour une navigation efficace.

De plus, il est recommandé d'éviter l'utilisation d'éléments tels que Flash, qui ne sont pas pris en charge sur de nombreux appareils mobiles. Au lieu de cela, les concepteurs devraient privilégier les technologies web standard telles que HTML5, CSS et JavaScript, qui offrent une compatibilité beaucoup plus large avec les appareils mobiles.

Un autre aspect de l'optimisation d'un site web pour les appareils mobiles est la vitesse de chargement. Les utilisateurs mobiles sont souvent en déplacement et ont peu de patience pour les sites web qui mettent trop de temps à se charger. Pour garantir une expérience utilisateur fluide, il est essentiel de réduire la taille des images, de minimiser les requêtes HTTP et d'utiliser la mise en cache du navigateur pour accélérer le chargement des pages. Des outils d'analyse de la performance web tels que Google PageSpeed Insights peuvent être utilisés pour identifier les problèmes de vitesse de chargement et proposer des solutions pour les résoudre.

Enfin, il est recommandé d'utiliser des outils de test de compatibilité mobile, comme celui de Google, pour vérifier si votre site web est optimisé pour les appareils mobiles. Ces outils fournissent des informations précieuses sur les aspects de votre site web qui pourraient poser problème sur les appareils mobiles, ainsi que des recommandations pour les corriger.

Rich snippets et données structurées

Les extraits enrichis et les données structurées sont des facteurs importants pour améliorer la visibilité en ligne d'un site Web.

Ces balises spéciales, intégrées au code HTML, aident les moteurs de recherche à comprendre le contenu plus facilement, permettant ainsi d'afficher des résultats riches dans les pages de résultats des moteurs de recherche (SERP).

Ces résultats riches peuvent inclure diverses informations telles que des avis, des prix, des heures d'ouverture, des recettes, etc., rendant ainsi le contenu plus attrayant pour les utilisateurs et augmentant le taux de clics. Pour tirer le meilleur parti des extraits enrichis et des données structurées, il est essentiel d'identifier les types de contenu de votre site qui peuvent bénéficier de ce format riche, comme les produits, les événements, les avis, etc.

Une fois identifiés, vous pouvez utiliser des balises appropriées, telles que celles fournies par Schema.org, pour baliser ces contenus avec des données structurées. Prenons l'exemple d'un site de recettes, À l'aide de données structurées, chaque recette peut être étiquetée avec des informations telles que le temps de préparation, les ingrédients, les instructions de cuisson et les avis des utilisateurs.

Ces données structurées permettent aux moteurs de recherche d'afficher ces informations directement dans les résultats de recherche, augmentant ainsi la visibilité du site et augmentant les taux de clics.

Chapitre 4

Mesure et analyse de la performance SEO

Le référencement naturel (SEO) est un pilier incontournable de toute stratégie de marketing en ligne. Son objectif principal est d'optimiser la visibilité et le classement d'un site web dans les résultats des moteurs de recherche, tels que Google, Bing et Yahoo. Le SEO repose sur une combinaison d'éléments techniques, de contenu de qualité et de stratégies de création de liens. L'efficacité des efforts déployés en SEO ne peut être pleinement mesurée et améliorée sans l'utilisation d'outils d'analyse et de suivi appropriés.

Dans ce développement, nous examinerons en détail les outils essentiels utilisés pour analyser et suivre la performance SEO, ainsi que l'interprétation des données et des métriques fournies par ces outils. Nous aborderons également la manière dont ces informations peuvent être utilisées pour ajuster et améliorer les stratégies SEO.

Outils d'analyse et de suivi du SEO

1. Google Analytics

Google Analytics est l'un des outils les plus largement utilisés et puissants pour mesurer le trafic organique d'un site web. Il offre une multitude de données pour évaluer la performance SEO, telles que le nombre de visiteurs, les pages vues, la durée moyenne de session, le taux de rebond, etc. Ces informations permettent aux spécialistes du marketing et aux webmasters de comprendre le comportement des utilisateurs sur leur site web et d'identifier les zones nécessitant des améliorations.

De plus, Google Analytics propose des fonctionnalités avancées telles que le suivi des objectifs et des conversions. Cela permet aux utilisateurs de mesurer directement l'impact des efforts SEO sur les objectifs commerciaux, tels que les ventes en ligne, les inscriptions à la newsletter, ou tout autre action souhaitée sur le site. En identifiant les sources de trafic organique les plus performantes et les pages qui convertissent le mieux, les spécialistes du marketing peuvent ajuster leur stratégie SEO pour maximiser les résultats.

2. Google Search Console

Google Search Console est un autre outil important de Google pour surveiller et optimiser la présence de votre site Web dans les résultats de recherche.

Cela fournit une multitude d'informations sur la façon dont votre site Web est reconnu et indexé par Google, ainsi que sur vos performances de recherche organique.

Les données fournies par Google Search Console incluent les mots-clés pour lesquels votre site est classé, les impressions et les clics, le taux de clics et les problèmes d'indexation et de convivialité mobile, ces données permettent aux webmasters d'identifier les opportunités d'optimisation et de suivre la progression de leurs efforts de référencement au fil du temps.

Par exemple, en identifiant les mots-clés pour lesquels un site Web est bien classé mais a un faible taux de clics, les spécialistes du marketing peuvent ajuster le balisage du titre et de la méta description pour améliorer les taux de clics et augmenter le trafic organique.

3. Outils tiers

En plus des outils fournis par Google, il existe de nombreuses autres options tierces pour analyser et suivre la performance SEO. Des outils tels que SEMrush, Moz, Ahrefs et Majestic sont largement utilisés dans l'industrie pour leur capacité à fournir des données avancées et des analyses approfondies. Ces outils complémentaires offrent une gamme de fonctionnalités telles que l'analyse de la concurrence, la recherche de mots clés, le suivi des backlinks, l'audit de site, etc.

En utilisant ces outils tiers, les spécialistes du marketing peuvent obtenir des perspectives supplémentaires sur la performance SEO de leur site web et de leurs concurrents. Par exemple, en analysant les backlinks de leurs concurrents les mieux classés, ils peuvent identifier de nouvelles opportunités de création de liens et de renforcement de l'autorité de leur propre site. De même, en utilisant des outils de recherche de mots clés avancés, ils peuvent identifier des mots clés à fort potentiel de trafic et les intégrer dans leur stratégie de contenu.

Interprétation des données et des métriques

Dans le monde du marketing en ligne, comprendre et analyser le trafic organique est essentiel au succès d'un site Web. Le trafic organique, contrairement au trafic payant, provient de résultats de recherche non rémunérés.

Ceux-ci représentent souvent la majorité du trafic d'un site Web et constituent d'importants indicateurs de succès en ligne.

En surveillant de près les tendances du trafic organique et en comprenant les mesures qu'elles contiennent, les spécialistes du marketing peuvent ajuster leurs stratégies pour améliorer la visibilité, l'engagement des utilisateurs et les conversions. Dans ce développement, nous examinerons de plus près quatre mesures clés liées au trafic organique: trafic organique lui-même, les mots clés, le taux de rebond et la durée de la session, ainsi que les conversions et les objectifs.

1. Trafic organique

Le trafic organique est la pierre angulaire de toute stratégie de référencement naturel (SEO). Il représente le flux de visiteurs qui arrivent sur un site web par le biais des résultats de recherche non payants. L'analyse du trafic organique à l'aide d'outils tels que Google Analytics permet aux spécialistes du marketing de comprendre l'efficacité de leurs efforts SEO. Une augmentation du trafic organique indique généralement une meilleure visibilité dans les résultats de recherche, tandis qu'une diminution peut signaler des problèmes de classement ou d'optimisation. Par conséquent, surveiller et analyser le trafic organique est essentiel pour identifier les opportunités d'amélioration et maintenir la compétitivité en ligne.

2. Mots clés

Les mots clés jouent un rôle fondamental dans le référencement naturel. Ce sont les termes que les utilisateurs saisissent dans les moteurs de recherche pour trouver des informations. En analysant les mots clés pour lesquels un site est classé et en surveillant les changements de classement au fil du temps, les spécialistes du marketing peuvent ajuster leur stratégie de contenu et d'optimisation pour cibler les termes les plus pertinents et les plus performants. Une recherche de mots clés approfondie permet de comprendre les intentions des utilisateurs et de créer du contenu qui répond spécifiquement à leurs besoins, ce qui peut conduire à une augmentation du trafic organique et à une amélioration des taux de conversion.

3. Taux de rebond et durée de session

Le taux de rebond et la durée de la session sont des indicateurs importants de l'engagement des utilisateurs avec votre site Web, le taux de rebond mesure le pourcentage de visiteurs qui quittent votre site Web après avoir consulté unepage, tandis que la durée de la session représente le temps moyen que les utilisateurs passent sur votre site Web ; un taux de rebond élevé indique un manque de pertinence ou de convivialité de votre contenu, ce qui peut décourager les utilisateurs de continuer à naviguer.

En revanche, des durées de session plus longues indiquent un engagement plus profond et une meilleure expérience utilisateur. En surveillant ces mesures et en identifiant les pages présentant des taux de rebond élevés, les spécialistes du marketing peuvent apporter des améliorations pour encourager un engagement plus long et plus significatif avec leur site.

4. Conversions et objectifs

Les conversions et les objectifs sont la véritable mesure du succès detoute stratégie de marketing en ligne, Une conversion se produit lorsqu'un visiteur effectue l'action souhaitée sur votre site Web.

Exemples : s'inscrire à des newsletters, télécharger du contenu, effectuer des achats, etc.

En suivant ces conversions et en les combinant avec des efforts de référencement, les spécialistes du marketing peuvent évaluer l'impact de leurs activités en ligne sur leur entreprise. Il vous aide à calculer le retour sur investissement (ROI) de vos efforts de référencement et à ajuster votre stratégie en conséquence pour maximiser les résultats commerciaux.

En fixant des objectifs spécifiques et en mesurant les conversions pertinentes, les spécialistes du marketing peuvent optimiser leurs campagnes pour atteindre les résultats souhaités et augmenter la rentabilité de leur stratégie globale de référencement. Le trafic organique et les mesures associées jouent un rôle important dans le succès de votre stratégie de référencement naturel.

En surveillant de près le trafic organique, en analysant les mots-clés, en optimisant l'engagement des utilisateurs et en mesurant les conversions, les spécialistes du marketing peuvent augmenter leur visibilité en ligne, générer un trafic pertinent et développer leur activité. Comprendre et utiliser ces mesures de manière stratégique peut bien positionner les entreprises dans un environnement numérique en constante évolution et obtenir un avantage concurrentiel durable.

Ajustements stratégiques en fonction des résultats

1. Analyse concurrentielle

Une analyse concurrentielle régulière est essentielle pour rester compétitif dans le paysage du SEO en constante évolution. En surveillant les stratégies et les performances des concurrents, les spécialistes du marketing peuvent identifier les opportunités et les menaces potentielles, ainsi que les tendances émergentes. Cela leur permet d'ajuster leur propre stratégie pour maintenir ou améliorer leur positionnement dans les résultats de recherche.

2. Optimisation du contenu

L'optimisation du contenu est un élément fondamental du SEO, et les ajustements réguliers sont souvent nécessaires pour maintenir la pertinence et la performance. En analysant les données sur les mots clés, les taux de rebond et les conversions, les spécialistes du marketing peuvent identifier les lacunes et les opportunités d'optimisation du contenu. Cela peut inclure l'ajustement des balises meta, l'optimisation des titres et des descriptions, ainsi que l'ajout de contenu supplémentaire pour répondre aux besoins des utilisateurs.

3. Amélioration de l'expérience utilisateur

L'expérience utilisateur (UX) joue un rôle de plus en plus important dans le classement des moteurs de recherche, car les algorithmes se concentrent de plus en plus sur la satisfaction des utilisateurs. En analysant les données sur la durée de session, le taux de rebond et d'autres métriques UX, les spécialistes du marketing peuvent identifier les points faibles et les opportunités d'amélioration de l'expérience utilisateur. Cela peut inclure des ajustements de conception, des améliorations de la navigation ou des tests d'éléments interactifs pour encourager l'engagement.

4. Suivi des tendances et des algorithmes

Le paysage du SEO est en constante évolution, avec des algorithmes des moteurs de recherche fréquemment mis à jour et le comportement des utilisateurs changeant.

Pour rester efficace, il est important de suivre de près les tendances et les évolutions du secteur du référencement, cela permet aux spécialistes du marketing de s'adapter rapidement aux changements et de prendre des décisions éclairées sur les ajustements stratégiques nécessaires pour maintenir ou améliorer les performances SEO.

Chapitre 5
Stratégies de contenu et de marketing

Création d'une stratégie de contenu efficace

La création d'une stratégie de contenu efficace est cruciale pour toute entreprise cherchant à établir sa présence en ligne, à attirer et à engager son public cible, ainsi qu'à stimuler sa croissance. Une stratégie de contenu bien élaborée repose sur une compréhension approfondie de l'audience cible, des objectifs commerciaux et des tendances du marché. Voici les principales étapes de la création d'une stratégie de contenu efficace:

1. **Définition des objectifs:** Identifiez clairement les objectifs commerciaux que vous souhaitez atteindre avec votre contenu. Cela pourrait inclure l'augmentation du trafic sur le site web, la génération de prospects, l'amélioration de la notoriété de la marque, etc.
2. **Analyse de l'audience:** Effectuez une recherche approfondie sur votre public cible pour comprendre

ses besoins, ses préférences et ses comportements en ligne. Cette étape vous permettra de créer du contenu pertinent et engageant pour votre audience.
3. **Recherche de mots-clés:** Identifiez les mots-clés pertinents pour votre secteur d'activité et intégrez-les dans votre contenu pour améliorer votre classement dans les résultats de recherche organique.
4. **Développement de contenu:** Créez un calendrier éditorial détaillé en planifiant le type de contenu à publier, les sujets à aborder et les formats à utiliser. Veillez à ce que votre contenu soit informatif, utile et engageant pour votre public.
5. **Optimisation pour les moteurs de recherche (SEO):** Intégrez des techniques SEO dans votre contenu pour améliorer sa visibilité dans les moteurs de recherche. Cela inclut l'optimisation des balises Meta, l'utilisation de mots-clés dans le contenu et la création de liens internes et externes.
6. **Promotion du contenu:** Utilisez différents canaux de distribution, tels que les médias sociaux, l'e-mail marketing et les partenariats avec des influenceurs, pour promouvoir votre contenu et atteindre un public plus large.
7. **Analyse et optimisation:** Suivez les performances de votre contenu en utilisant des outils d'analyse web et ajustez votre stratégie en fonction des résultats obtenus. Cela vous permettra d'identifier ce qui fonctionne bien et ce qui doit être amélioré.

En mettant en œuvre une stratégie de contenu efficace, vous pouvez renforcer la présence en ligne de votre entreprise, attirer un trafic qualifié et stimuler la croissance de votre activité.

Utilisation des médias sociaux pour le SEO

Les médias sociaux jouent un rôle de plus en plus important dans les stratégies de référencement (SEO) des entreprises. En utilisant efficacement les médias sociaux, vous pouvez améliorer la visibilité de votre contenu en ligne, stimuler le trafic vers votre site web et renforcer l'autorité de votre marque. Voici quelques stratégies pour utiliser les médias sociaux pour le SEO:

1. **Partage de contenu:** Publiez régulièrement du contenu de qualité sur vos profils de médias sociaux et encouragez votre audience à le partager. Plus votre contenu est partagé, plus il obtiendra de visibilité en ligne, ce qui peut contribuer à son classement dans les moteurs de recherche.
2. **Optimisation du profil:** Assurez-vous que vos profils de médias sociaux sont complets et optimisés avec des mots-clés pertinents pour votre entreprise. Utilisez une description claire et concise et incluez des liens vers votre site web.
3. **Engagement avec l'audience:** Soyez actif et engageant sur les médias sociaux en répondant aux commentaires, en posant des questions et en encourageant les conversations avec votre audience. Plus vous engagez votre audience, plus

votre contenu sera partagé et mieux il se classera dans les moteurs de recherche.
4. **Utilisation de hashtags:** Utilisez des hashtags pertinents dans vos publications sur les médias sociaux pour augmenter leur visibilité et les rendre plus faciles à trouver pour les utilisateurs intéressés par votre contenu.
5. **Partenariats et collaboration:** Collaborez avec d'autres entreprises, influenceurs ou experts de l'industrie pour étendre votre portée sur les médias sociaux et renforcer votre autorité en ligne. Les partenariats peuvent également vous aider à obtenir des backlinks de haute qualité vers votre site web, ce qui est bénéfique pour votre référencement.
6. **Analyse et suivi:** Utilisez des outils d'analyse des médias sociaux pour suivre les performances de vos publications et identifier ce qui fonctionne le mieux en termes d'engagement et de partage. Utilisez ces informations pour affiner votre stratégie de contenu sur les médias sociaux et optimiser vos efforts de référencement.

L'intégration des médias sociaux dans votre stratégie de référencement peut améliorer la visibilité de votre contenu en ligne, augmenter le trafic vers votre site Web et renforcer l'autorité de votre marque dans votre secteur.

Élaboration de campagnes de marketing de contenu

Les campagnes de marketing de contenu sont des initiatives stratégiques visant à créer, promouvoir et distribuer du contenu pertinent et précieux pour attirer, engager et convertir un public cible spécifique. Une campagne réussie de marketing de contenu repose sur une planification minutieuse, une exécution stratégique et une analyse continue des performances. Voici les étapes clés pour élaborer une campagne de marketing de contenu efficace:

1. **Définition des objectifs:** Identifiez les objectifs commerciaux spécifiques que vous souhaitez atteindre avec votre campagne de marketing de contenu. Cela pourrait inclure l'augmentation de la notoriété de la marque, la génération de prospects qualifiés, l'engagement de l'audience, etc.
2. **Définition de la cible:** Identifiez votre public cible et analysez ses besoins, ses préférences et ses comportements en ligne. Cette étape est cruciale pour créer du contenu pertinent et attrayant pour votre audience.
3. **Développement de contenu:** Créez un contenu de haute qualité et pertinent pour votre public cible en utilisant différents formats tels que des articles de blog, des vidéos, des infographies, des livres électroniques, etc. Assurez-vous que votre contenu offre une valeur ajoutée et répond aux besoins de votre audience.

4. **Planification de la distribution:** Planifiez la manière dont vous allez distribuer votre contenu pour atteindre votre public cible. Cela pourrait inclure l'utilisation de différents canaux tels que les médias sociaux, l'e-mail marketing, les partenariats avec des influenceurs, etc.
5. **Promotion du contenu:** Promouvez activement votre contenu pour maximiser sa visibilité et son impact. Utilisez des techniques telles que la publicité payante sur les médias sociaux, le référencement naturel, le marketing d'influence, etc.
6. **Suivi et analyse:** Suivez les performances de votre campagne de marketing de contenu en utilisant des outils d'analyse web et des indicateurs clés de performance (KPI) tels que le trafic web, les taux de conversion, l'engagement social, etc. Utilisez ces données pour évaluer l'efficacité de votre campagne et apporter des ajustements si nécessaire.
7. **Optimisation continue:** Basé sur les analyses et les retours d'information, optimisez continuellement votre campagne de marketing de contenu pour améliorer ses performances et atteindre vos objectifs commerciaux. Cela peut impliquer des ajustements dans le contenu, la distribution, la promotion ou d'autres aspects de la campagne.

En élaborant et en exécutant efficacement des campagnes de marketing de contenu, vous pouvez attirer l'attention de votre public cible, renforcer l'engagement de votre audience et stimuler la croissance de votre entreprise

Chapitre 6

Gestion des risques et éthique en SEO

Le référencement est un élément du succès en ligne pour les entreprises et les particuliers qui souhaitent générer du trafic vers leurs sites Web.

Les algorithmes de recherche évoluent constamment, il est donc important de suivre les meilleures pratiques et de respecter les directives des moteurs de recherche pour garantir une visibilité continue, Vous devez également savoir comment éviter les techniques de référencement frauduleuses pouvant entraîner des pénalités, et comment gérer ces pénalités et les mises à jour des algorithmes.

Ce développement examine de plus près ces trois aspects du référencement et fournit des conseils et des stratégies pratiques pour maximiser l'efficacité de votre référencement tout en respectant les directives des moteurs de recherche.

Bonnes pratiques et conformité aux directives des moteurs de recherche

1. Compréhension des directives des moteurs de recherche

Les principaux moteurs de recherche tels que Google, Bing et Yahoo publient des directives pour aider les propriétaires de sites web à comprendre ce qu'ils considèrent comme des pratiques de référencement éthiques. Il est impératif de lire et de les comprendre afin de garantir une conformité totale.

2. Contenu de qualité

Le contenu est le pilier fondamental du référencement. Les moteurs de recherche valorisent le contenu de qualité, informatif et pertinent pour les utilisateurs. Créer un contenu unique, bien écrit et utile est essentiel pour maintenir une bonne visibilité dans les résultats de recherche.

3. Optimisation des balises méta

Les balises méta telles que les titres, les descriptions et les balises d'en-tête jouent un rôle crucial dans le classement des pages web. Il est important de les optimiser en utilisant des mots-clés pertinents tout en restant naturel et informatif.

4. Architecture du site conviviale

Une structure de site logique et conviviale facilite la navigation pour les utilisateurs et les moteurs de recherche.

Assurez-vous que votre site est bien organisé avec des URL claires et des liens internes cohérents.

5. Optimisation de la vitesse de chargement

La vitesse de chargement d'un site web est un facteur de classement important. Optimisez les images, réduisez les temps de chargement et utilisez la mise en cache pour améliorer les performances globales du site.

6. Utilisation de l'analytique web

Les outils d'analyse web comme Google Analytics fournissent des informations précieuses sur le trafic, le comportement des utilisateurs et les performances du site. Utilisez ces données pour identifier les domaines à améliorer et ajuster votre stratégie de référencement en conséquence.

7. Mobile-friendliness

Avec de plus en plus de personnes accédant à internet via des appareils mobiles, il est essentiel que votre site soit optimisé pour les mobiles. Assurez-vous que votre site est réactif et offre une expérience utilisateur optimale sur tous les appareils.

8. Liens de qualité

Les liens entrants provenant de sites de qualité et pertinents sont extrêmement bénéfiques pour le référencement. Favorisez l'acquisition de liens naturels et évitez les pratiques de création de liens artificiels qui pourraient entraîner des pénalités.

9. Engagement sur les médias sociaux

Les signaux sociaux sont devenus de plus en plus importants pour le référencement. Soyez actif sur les médias sociaux, partagez votre contenu et interagissez avec votre public pour renforcer votre présence en ligne.

10. Surveillance et adaptation constante

Le paysage du référencement est en constante évolution. Surveillez les tendances, restez à jour avec les dernières nouvelles et ajustez votre stratégie en conséquence pour rester compétitif dans les résultats de recherche.

Éviter les techniques de référencement abusives

1. Cloaking et dissimulation de contenu

Le cloaking est la présentation de différents contenus aux moteurs de recherche et aux utilisateurs. Ce comportement est strictement contraire aux directives des moteurs de recherche et peut entraîner de lourdes sanctions.

2. Sur-optimisation des mots-clés

L'utilisation excessive de mots-clés dans le contenu, les balises méta et les liens peut être considérée comme une tentative de manipulation des moteurs de recherche. Pour éviter les pénalités, choisissez d'utiliser des mots-clés de manière naturelle et organique.

3. Contenu dupliqué

Que vous copiiez le contenu d'autres sites Web ou que vous dupliquiez le même contenu sur plusieurs pages de votre site Web, le contenu en double peut avoir un impact négatif sur votre classement. Veuillez-vous assurer que tout le contenu est original et unique pour éviter les problèmes de duplication.

4. Acheter des liens

L'achat de liens est une activité dangereuse qui peut entraîner de lourdes sanctions. Il est préférable de se concentrer sur l'obtention de liens de manière organique en créant un contenu de qualité et en établissant des relations avec d'autres sites Web.

5. Spam de commentaires et de forums

Le spam de commentaires et de forums consiste à laisser des commentaires ou des messages promotionnels sur des sites et des forums dans le seul but de créer des liens vers votre site. Non seulement cette pratique est inefficace, mais elle peut également nuire à votre réputation en ligne.

6. Réseaux de liens privés (PBN)

Un réseau de liaison privée est un réseau de sites Web créés dans le but de manipuler les classements des moteurs de recherche en échange de liens.

Ce comportement enfreint les directives des moteurs de recherche et peut entraîner de lourdes sanctions s'il est détecté.

7. Spinning de contenu

Cela consiste à réécrire automatiquement du contenu en utilisant des logiciels pour créer plusieurs versions similaires. Cette pratique est facilement détectée par les moteurs de recherche et peut entraîner des pénalités pour contenu de faible qualité.

8. Utilisation excessive de redirections

Les redirections excessives, en particulier les redirections 302 temporaires, peuvent être perçues comme une tentative de manipuler les moteurs de recherche. Utilisez les redirections avec parcimonie et assurez-vous qu'elles sont utilisées de manière appropriée et pertinente.

9. Cache de mots-clés

Le cache de mots-clés consiste à cacher du texte ou des liens sur une page web en les rendant invisibles aux utilisateurs mais pas aux moteurs de recherche. Cette pratique est considérée comme de la manipulation et peut entraîner des pénalités.

10. Autres techniques de manipulation

D'autres techniques de manipulation des moteurs de recherche incluent le remplissage de mots-clés, le texte invisible et les pages satellites. Évitez ces pratiques à tout prix pour maintenir l'intégrité de votre site et éviter les pénalités des moteurs de recherche.

Gestion des pénalités et des mises à jour d'algorithmes

1. Surveillance de l'activité du site

Surveillez régulièrement l'activité de votre site à l'aide d'outils d'analyse web pour détecter tout changement soudain dans le trafic ou le classement des mots-clés, ce qui pourrait indiquer une pénalité.

2. Identification des pénalités

Si vous remarquez une baisse significative du trafic ou du classement, identifiez la cause potentielle en examinant les mises à jour d'algorithmes récentes et en évaluant votre site à la recherche de violations des directives des moteurs de recherche.

3. Réponse rapide

En cas de pénalité, répondez rapidement en identifiant et en corrigeant les problèmes à l'origine de la pénalité. Cela peut inclure la suppression de contenu dupliqué, la correction de liens cassés ou la désactivation de pratiques de référencement abusives.

4. Soumission d'une demande de réexamen

Si vous avez corrigé les problèmes à l'origine de la pénalité, soumettez une demande de réexamen à Google ou à tout autre moteur de recherche concerné. Assurez-vous de fournir des détails précis sur les mesures que vous avez prises pour résoudre les problèmes.

5. Adaptation aux mises à jour d'algorithmes

Les moteurs de recherche mettent régulièrement à jour leurs algorithmes pour améliorer la pertinence des résultats de recherche. Restez informé des dernières mises à jour et ajustez votre stratégie de référencement en conséquence pour rester en conformité avec les nouveaux critères de classement.

6. Diversification des sources de trafic

Ne vous reposez pas uniquement sur le référencement organique pour générer du trafic. Diversifiez vos sources de trafic en utilisant également les médias sociaux, le marketing par e-mail et d'autres canaux pour réduire votre dépendance à l'égard du référencement.

7. Suivi continu

Continuez à surveiller régulièrement les performances de votre site et à ajuster votre stratégie de référencement en fonction des changements dans le paysage numérique. Restez agile et adaptable pour maintenir une visibilité durable en ligne.

8. Engagement avec la communauté SEO

Participez à des forums, des groupes de discussion et des événements liés au SEO pour rester informé des dernières tendances et échanger des conseils avec d'autres professionnels du secteur.

9. Investissement dans la formation

Le SEO est un domaine en constante évolution, il est donc important de rester à jour avec les dernières pratiques et techniques. Investissez dans votre propre formation en suivant des cours en ligne, en lisant des blogs spécialisés et en participant à des conférences.

10. Collaboration avec des experts

Si vous rencontrez des difficultés pour gérer votre référencement ou pour vous remettre de pénalités, pensez à demander l'aide d'un expert en référencement. Ils fournissent des conseils d'experts et des stratégies personnalisées adaptées à vos besoins spécifiques.

Par conséquent, le référencement est un processus complexe qui nécessite une compréhension approfondie des meilleures pratiques, des directives des moteurs de recherche et des techniques à éviter.

En suivant les conseils fournis dans ce développement, vous pouvez maximiser votre efficacité SEO tout en respectant les exigences des moteurs de recherche.

En adoptant une approche proactive dans la gestion des pénalités et des mises à jour des algorithmes, vous pouvez maintenir une visibilité cohérente et atteindre vos objectifs en ligne.

Chapitre 7

Études de cas et exemples pratiques

Dans le vaste monde du référencement en ligne, l'optimisation pour les moteurs de recherche (SEO) se dresse comme un pilier fondamental pour améliorer la visibilité et la notoriété d'un site web. Comprendre pleinement l'impact et l'efficacité des stratégies SEO nécessite une exploration approfondie des études de cas et des exemples pratiques. Cette analyse se penchera sur différents sites web avant et après l'optimisation SEO, les stratégies couronnées de succès, ainsi que les erreurs à éviter.

Analyse de sites web avant et après optimisation SEO

Avant l'optimisation SEO

Pour saisir l'importance de l'optimisation SEO, examinons d'abord des sites web avant leur mise en œuvre de stratégies SEO. Ces sites peuvent souffrir d'une visibilité limitée, d'un trafic sporadique et d'une conversion peu satisfaisante. Sans une optimisation adéquate, ils sont relégués aux tréfonds des pages de résultats des moteurs de recherche (SERP), loin des yeux des utilisateurs potentiels.

Études de cas avant l'optimisation

Un exemple frappant est celui d'une petite entreprise locale offrant des services de plomberie. Son site web, malgré sa conception attrayante, peine à attirer du trafic organique. En l'absence de stratégies SEO, il est noyé parmi les nombreux concurrents, ne bénéficiant pas de la visibilité nécessaire pour attirer de nouveaux clients.

Stratégies SEO mises en œuvre avec succès

Pour pallier ces lacunes, les entreprises s'engagent dans une série de stratégies SEO efficaces. L'optimisation des mots-clés, la création de contenu de qualité, l'amélioration de la structure du site et l'optimisation des balises méta sont parmi les tactiques couramment utilisées pour améliorer le classement dans les moteurs de recherche.

Études de cas après l'optimisation SEO

Passons maintenant en revue les sites Web similaires après avoir mis en œuvre une stratégie de référencement. L'impact est souvent énorme, avec une augmentation significative du trafic organique, un meilleur placement dans les SERP et une augmentation des conversions.

Un cas typique est celui d'une boutique en ligne spécialisée dans la vente de produits artisanaux. Après avoir investi dans une stratégie de référencement robuste, comprenant l'optimisation des mots clés, la création de contenu pertinent et l'amélioration de l'expérience utilisateur, le site a connu une croissance exponentielle du trafic et des ventes.

Cependant, toutes les entreprises ne réussissent pas dans leur quête d'optimisation SEO. Certaines commettent des erreurs coûteuses qui peuvent nuire à leur visibilité en ligne, par exemple en utilisant des techniques de référencement black hat, telles que le bourrage de mots clés ou la création de liens artificiels.

Ces comportements peuvent entraîner des sanctions de la part des moteurs de recherche, affectant négativement le classement d'un site.Une autre erreur courante consiste à ignorer l'importance du suivi et de l'analyse desperformances sans évaluation régulière des stratégies mises en œuvre, il est difficile de déterminer ce qui fonctionne et ce qui doit être ajusté.

L'optimisation des moteurs de recherche est un élément essentiel de toute stratégie de marketing en ligne.

Grâce à des études de cas, nous avons vu comment des stratégies de référencement efficaces peuvent transformer un site Web, en augmentant la visibilité, le trafic et les conversions.

Il est important d'éviter les erreurs courantes qui peuvent avoir un impact sur les efforts d'optimisation. En investissant dans des pratiques de référencement éthiques et en restant attentives aux changements dans les algorithmes des moteurs de recherche, les entreprises peuvent maximiser leur présence en ligne et atteindre leurs objectifs commerciaux.

3. Étude de cas : Site Web XYZ

Prenons l'exemple du site web XYZ, qui offrait des services de consultation financière. Avant l'optimisation SEO, le site avait un contenu limité et peu d'éléments techniques optimisés. Après avoir travaillé sur la qualité du contenu, l'optimisation des balises méta et l'amélioration de la vitesse de chargement, le site a connu une augmentation de 150 % du trafic organique en six mois, avec une conversion accrue de 20 %.

Stratégies de SEO mises en œuvre avec succès

1. Recherche de mots-clés approfondie

Une recherche exhaustive de mots-clés permet d'identifier les termes les plus pertinents et les plus recherchés par les utilisateurs. Ces mots-clés sont ensuite intégrés de manière stratégique dans le contenu, les balises méta et les URL du site.

2. Création de contenu de qualité

Le contenu de qualité est un élément essentiel du SEO. En fournissant un contenu informatif, utile et pertinent pour les utilisateurs, un site web peut attirer des liens naturels et améliorer son classement dans les résultats de recherche.

3. Optimisation technique du site

Une structure de site bien organisée, des balises méta optimisées, des URL conviviales et un temps de chargement rapide sont des éléments techniques qui contribuent à améliorer la visibilité d'un site web dans les résultats de recherche.

4. Création de liens de qualité

Créer des liens de qualité à partir de sites Web pertinents et dignes de confiance est un autre aspect important du référencement.

Des backlinks de qualité contribuent à renforcer l'autorité et la crédibilité d'un site Web aux yeux des moteurs de recherche. Les études de cas et les exemples concrets sont des outils précieux pour comprendre l'impact d'une stratégie SEO.

En analysant les réussites et les erreurs des autres, les professionnels du référencement peuvent tirer de précieuses leçons pour améliorer la visibilité et les performances de leur site Web dans les résultats de recherche, en évitant les erreurs courantes et en mettant en œuvre des stratégies éprouvées, il est possible d'obtenir des résultats SEO significatifs.

Chapitre 8
Perspectives futures du SEO

Le monde du référencement est en constante évolution, et pour rester compétitif, il est essentiel de rester à jour avec les tendances émergentes. Voici quelques-unes des tendances qui sont susceptibles de façonner l'avenir du SEO:

1. **Recherche vocale et recherche conversationnelle:** Avec l'essor des assistants vocaux comme Siri, Alexa et Google Assistant, la recherche vocale est devenue une tendance majeure. Les stratégies SEO doivent désormais tenir compte des requêtes plus longues et plus conversationnelles utilisées dans la recherche vocale.
2. **Contenu vidéo et visuel:** Le contenu vidéo gagne en popularité et occupe une place de plus en plus importante dans les résultats de recherche. Les marques doivent donc investir dans la création de contenu vidéo optimisé pour le référencement.
3. **Expérience utilisateur (UX):** Les moteurs de recherche accordent de plus en plus d'importance à l'expérience utilisateur. Des facteurs tels que la vitesse de chargement du site, la convivialité mobile

et la qualité du contenu deviennent des éléments clés du référencement.
4. **Contenu optimisé pour les SERP en constante évolution:** Les résultats de recherche évoluent constamment avec de nouvelles fonctionnalités telles que les extraits en vedette, les résultats locaux et les cartes de connaissances. Les spécialistes du SEO doivent donc adapter leurs stratégies pour maximiser la visibilité dans ces nouveaux formats.
5. **Intelligence artificielle et apprentissage automatique:** Les algorithmes des moteurs de recherche deviennent de plus en plus sophistiqués grâce à l'intelligence artificielle et à l'apprentissage automatique. Comprendre ces technologies et les utiliser pour optimiser le contenu et la stratégie SEO devient essentiel.
6. **Contenu à forte valeur ajoutée et autorité du domaine:** Les moteurs de recherche accordent de plus en plus d'importance à la qualité et à l'autorité du contenu, par conséquent, les marques doivent se concentrer sur la création de contenu informatif, pertinent et de haute qualité pour améliorer leur classement dans les résultats de recherche.

En résumé, les tendances émergentes en matière de référencement mettent l'accent sur la recherche vocale, le contenu vidéo, l'expérience utilisateur, l'adaptation à l'évolution des SERP, l'intelligence artificielle et la création de contenu de haute qualité.

Impact des technologies émergentes sur le SEO

Les technologies émergentes jouent un rôle crucial dans l'évolution du SEO. Voici comment certaines de ces technologies influencent le référencement :

1. **Intelligence artificielle (IA):** L'IA est devenue un élément essentiel du SEO, aidant les spécialistes à analyser les données, à prédire les tendances de recherche et à optimiser les stratégies. Les algorithmes d'IA des moteurs de recherche aident également à améliorer la pertinence des résultats pour les utilisateurs.
2. **Apprentissage automatique (machine learning):** Le machine learning est utilisé pour affiner les algorithmes de classement des moteurs de recherche. Ces derniers peuvent apprendre des comportements des utilisateurs et ajuster les résultats de recherche en conséquence, ce qui a un impact direct sur les stratégies SEO.
3. **Internet des objets (IoT):** L'IoT offre de nouvelles opportunités pour le SEO, en particulier dans les secteurs comme la recherche locale. Les entreprises peuvent optimiser leur présence en ligne pour être facilement trouvées par les appareils connectés, tels que les assistants domestiques et les appareils portables.
4. **Blockchain:** Bien que souvent associée aux cryptomonnaies, la technologie blockchain peut également avoir un impact sur le référencement. Elle

peut être utilisée pour créer des systèmes de vérification des liens et des informations, renforçant ainsi la crédibilité des sites web et améliorant leur classement dans les résultats de recherche.
5. **Analyse prédictive:** La technologie d'analyse prédictive permet aux professionnels du référencement de prédire les tendances de recherche et de prendre des décisions plus éclairées concernant le contenu et la stratégie.Cela leur permet d'adapter leur approche pour rester compétitifs dans un environnement en constante évolution.

En résumé, les technologies émergentes telles que l'intelligence artificielle, l'apprentissage automatique, l'IoT, la blockchain et l'analyse prédictive changent le paysage du référencement et obligent les professionnels du référencement à s'adapter et à innover pour rester pertinents.

Adaptation aux changements constants des moteurs de recherche

Le développement constant des algorithmes des moteurs de recherche, en particulier dans les entreprises géantes comme Google, pose des défis majeurs aux professionnels de l'optimisation des moteurs de recherche (SEO).

Ces professionnels doivent constamment s'adapter aux changements afin de maintenir et même d'améliorer le classement de leur site Web dans les résultats de recherche.

Cet essai examine de plus près les stratégies clés pour faire face à ces dynamiques en constante évolution.La première stratégie importante consiste à surveiller en permanence les mises à jour des algorithmes.

Les spécialistes du référencement doivent rester au courant des changements apportés par les moteurs de recherche et comprendre comment ces changements affectent le classement d'un site Web.

Cette vigilance vous permet d'adapter rapidement votre stratégie aux nouveaux standards des moteurs de recherche.

Deuxièmement, la diversification des tactiques de référencement est un aspect fondamental pour contrer les fluctuations algorithmiques, Les professionnels du référencement devraient utiliser diverses techniques au lieu de s'en tenir à une seule approche.

Cela inclut la création de contenu de qualité, l'optimisation technique, le développement de liens de qualité et l'engagement sur les réseaux sociaux, cette approche multidimensionnelle garantit une présence en ligne robuste et résiliente face aux changements algorithmiques.

Une autre considération consiste à se concentrer sur l'expérience utilisateur. Les moteurs de recherche se concentrent de plus en plus sur la convivialité et la pertinence du contenu.

En fournissant un contenu de haute qualité, une navigation intuitive et des temps de chargement rapides, les sites Web peuvent non seulement améliorer les classements dans les recherches, mais également fidéliser les visiteurs et augmenter les taux de conversion.

L'analyse des données joue également un rôle central dans l'adaptation aux évolutions des moteurs de recherche.

Les spécialistes du référencement doivent constamment surveiller les performances des mots clés, l'engagement des utilisateurs et d'autres mesures importantes pour mesurer l'efficacité de leurs stratégies. Ces données fournissent des informations précieuses pour ajuster les tactiques en fonction des résultats obtenus.

Enfin, investir dans la formation et le développement professionnel est essentiel pour rester compétitif dans le domaine du référencement.

Compte tenu de la nature dynamique du secteur, les professionnels doivent toujours se tenir au courant des dernières tendances et des meilleures pratiques, cela nécessite une formation continue et la participation à des conférences et ateliers professionnels. S'adapter aux changements constants des moteurs de recherche nécessite une approche stratégique et proactive.

Cela inclut une surveillance continue des mises à jour des algorithmes, une diversification des tactiques de référencement, une concentration sur l'expérience utilisateur, une analyse approfondie des données et un investissement continu dans le développement professionnel, en employant ces stratégies, les spécialistes du référencement peuvent naviguer avec succès dans le paysage en constante évolution du référencement en ligne.

Les moteurs de recherche comme Google mettent régulièrement à jour leurs algorithmes pour fournir des résultats de recherche plus pertinents et de meilleure qualité. Cette évolution constante présente des défis pour les spécialistes du SEO, qui doivent constamment s'adapter aux changements. Voici quelques stratégies pour faire face à cette dynamique :

1. **Surveillance continue des mises à jour d'algorithmes:** Les spécialistes du SEO doivent rester informés des mises à jour d'algorithmes des moteurs de recherche et comprendre leur impact sur le classement des sites web. Cela leur permet d'ajuster rapidement leurs stratégies en conséquence.
2. **Diversification des tactiques de référencement:** Plutôt que de se concentrer uniquement sur une seule tactique de référencement, il est important de diversifier les approches. Cela peut inclure la création de contenu de qualité, l'optimisation technique, le développement de liens et l'engagement sur les réseaux sociaux.
3. **Focus sur l'expérience utilisateur:** Les moteurs de recherche accordent de plus en plus d'importance à l'expérience utilisateur. En fournissant un contenu de haute qualité, une navigation conviviale et des temps de chargement rapides, les sites web peuvent améliorer leur classement dans les résultats de recherche.
4. **Analyse des données et ajustement continu:** L'analyse des données est essentielle pour

comprendre l'efficacité des stratégies SEO. Les spécialistes doivent surveiller les performances des mots-clés, l'engagement des utilisateurs et d'autres indicateurs clés, et ajuster leurs tactiques en conséquence.
5. **Investissement dans la formation et le développement professionnel:** Le SEO est un domaine en constante évolution, il est donc important que les professionnels du référencement se tiennent au courant des dernières tendances et des meilleures pratiques, cela peut nécessiter une formation continue et la participation à des conférences et des ateliers.

Tendances émergentes dans le domaine du référencement

Le paysage du référencement (SEO) est en constante mutation, propulsé par l'évolution des comportements des utilisateurs, les avancées technologiques et les mises à jour des algorithmes des moteurs de recherche. Pour rester compétitif dans cet environnement en perpétuelle évolution, il est crucial de comprendre et d'anticiper les tendances émergentes qui façonneront l'avenir du SEO. Voici un aperçu des tendances les plus marquantes:

1. Recherche vocale et recherche conversationnelle:

L'avènement des assistants vocaux comme Siri, Alexa et Google Assistant a donné lieu à une explosion de la recherche vocale. Les utilisateurs adoptent de plus en plus des requêtes plus naturelles et conversationnelles lorsqu'ils effectuent des recherches vocales. Les stratégies SEO doivent donc être adaptées pour répondre à cette évolution, en optimisant le contenu pour des mots-clés longs et des questions plus complexes.

2. Contenu vidéo et visuel:

Le contenu vidéo est devenu un pilier incontournable du marketing en ligne et occupe une place de plus en plus importante dans les résultats de recherche. Les marques doivent investir dans la création de contenu vidéo de qualité et l'optimiser pour le référencement afin de tirer parti de cette tendance croissante.

3. Expérience utilisateur (UX):

Les moteurs de recherche accordent désormais une grande importance à l'expérience utilisateur. Des facteurs tels que la vitesse de chargement du site, la convivialité mobile et la qualité du contenu jouent un rôle crucial dans le classement des pages. Les stratégies SEO doivent donc intégrer une approche axée sur l'amélioration de l'UX pour garantir une visibilité optimale dans les résultats de recherche.

4. Contenu optimisé pour les SERP en constante évolution:

Les résultats de recherche évoluent constamment avec l'introduction de nouvelles fonctionnalités telles que les extraits en vedette, les résultats locaux et les cartes de connaissances. Les spécialistes du SEO doivent surveiller ces changements et ajuster leurs stratégies pour maximiser la visibilité de leur contenu dans ces nouveaux formats.

5. Intelligence artificielle et apprentissage automatique:

L'intelligence artificielle (IA) et l'apprentissage automatique (ML) jouent un rôle de plus en plus important dans l'optimisation du référencement. Les moteurs de recherche utilisent ces technologies pour analyser et comprendre le contenu des pages web de manière plus contextuelle. Les professionnels du SEO doivent donc être familiarisés avec ces concepts et les utiliser pour affiner leurs stratégies et améliorer les performances de leur site.

6. Contenu à forte valeur ajoutée et autorité du domaine :

La qualité du contenu et l'autorité du domaine deviennent des facteurs de classement de plus en plus importants pour les moteurs de recherche, les marques doivent se concentrer sur la création de contenu utile, pertinent et de haute qualité pour accroître leur crédibilité et leur visibilité en ligne.

Ces tendances émergentes mettent en évidence la nécessité pour les professionnels du référencement de rester informés et de s'adapter rapidement aux changements du paysage numérique afin de maintenir et d'améliorer la visibilité et la pertinence du contenu en ligne. En anticipant ces tendances et en les intégrant dans votre stratégie, les entreprises peuvent s'assurer qu'elles sont bien positionnées pour réussir dans le paysage du référencement en constante évolution.

Les tendances émergentes en matière de référencement incluent la recherche vocale, le contenu vidéo, l'expérience utilisateur, l'adaptation à l'évolution des SERP et de l'intelligence artificielle, ainsi que l'accent mis sur la création de contenu de haute qualité.

II. Impact des technologies émergentes sur le SEO

Les technologies émergentes jouent un rôle important dans l'évolution du SEO. Voici comment certaines de ces technologies influencent le référencement:

1. **Intelligence artificielle (IA)**: L'IA est devenue un élément essentiel du SEO, aidant les spécialistes à analyser les données, à prédire les tendances de recherche et à optimiser les stratégies. Les algorithmes d'IA des moteurs de recherche aident également à améliorer la pertinence des résultats pour les utilisateurs.
2. **Apprentissage automatique (machine learning)**: Le machine learning est utilisé pour affiner les algorithmes de classement des moteurs de recherche. Les moteurs de recherche peuvent apprendre des comportements des utilisateurs et ajuster les résultats de recherche en conséquence, ce qui a un impact direct sur les stratégies SEO.
3. **Internet des objets (IoT)**: L'IoT offre de nouvelles opportunités pour le SEO, en particulier dans les

secteurs comme la recherche locale. Les entreprises peuvent optimiser leur présence en ligne pour être facilement trouvées par les appareils connectés, tels que les assistants domestiques et les appareils portables.
4. **Blockchain:** Bien que souvent associée aux cryptomonnaies, la technologie blockchain peut également avoir un impact sur le référencement. Elle peut être utilisée pour créer des systèmes de vérification des liens et des informations, renforçant ainsi la crédibilité des sites web et améliorant leur classement dans les résultats de recherche.
5. **Analyse prédictive:** La technologie d'analyse prédictive permet aux spécialistes du SEO de prédire les tendances de recherche et de prendre des décisions plus éclairées concernant le contenu et la stratégie. Cela permet aux entreprises d'adapter leur approche et de rester compétitives dans un environnement en constante évolution.

En résumé, les nouvelles technologies telles que l'intelligence artificielle, l'apprentissage automatique, l'IoT, la blockchain et l'analyse prédictive changent le paysage du référencement, et les professionnels du référencement doivent s'adapter et innover pour rester pertinents.

Chapitre 9
Conclusion

L'adaptation aux changements constants des moteurs de recherche nécessite une surveillance constante, une diversification des tactiques, une concentration sur l'expérience utilisateur, l'analyse des données et un investissement dans le développement professionnel.

En résumé, les perspectives du SEO sont influencées par des tendances émergentes telles que la recherche vocale, le contenu vidéo et l'intelligence artificielle, ainsi que par l'impact des technologies émergentes comme le machine learning et l'IoT. Les spécialistes du référencement doivent également faire face aux défis liés à l'adaptation aux changements constants des moteurs de recherche en surveillant les mises à jour d'algorithmes, en diversifiant leurs tactiques, en se concentrant sur l'expérience utilisateur, en analysant les données et en investissant dans le développement professionnel. En restant à l'avant-garde de ces tendances et en adoptant une approche proactive, les professionnels du SEO peuvent positionner leurs sites web pour réussir dans un paysage numérique en constante évolution

Le référencement naturel, ou SEO (Search Engine Optimization), constitue un élément crucial dans la stratégie de présence en ligne de toute entreprise ou organisation. Il englobe un ensemble de techniques visant à améliorer la visibilité d'un site web dans les résultats des moteurs de recherche tels que Google, Bing ou Yahoo.

Le SEO est fondamental pour générer du trafic organique vers un site web, ce qui peut se traduire par une augmentation de la notoriété de la marque, des conversions accrues et une meilleure compétitivité sur le marché en ligne.

Pour comprendre le fonctionnement du SEO, il est essentiel de saisir le fonctionnement des moteurs de recherche. Ces derniers utilisent des algorithmes sophistiqués pour analyser, classer et afficher les pages web pertinentes en réponse aux requêtes des utilisateurs.

Les moteurs de recherche prennent en compte de nombreux facteurs pour déterminer la pertinence d'une page, notamment la qualité du contenu, l'autorité de la page, la convivialité mobile, la vitesse de chargement, etc.

Les fondements du référencement reposent sur plusieurs piliers essentiels, tels que l'optimisation on-page et off-page.

L'optimisation sur page consiste à améliorer le contenu et la structure d'un site Web pour le rendre plus attrayant pour les moteurs de recherche et les utilisateurs.Cela inclut l'utilisation de mots-clés pertinents, la création de balises méta efficaces, l'optimisation des images et des URL et l'amélioration de l'expérience utilisateur.

L'optimisation hors page, quant à elle, vise à renforcer l'autorité et la fiabilité d'un site Web grâce à des liens entrants de qualité et une présence active sur les réseaux sociaux. Outre les techniques de base, il existe également des stratégies de référencement avancées qui peuvent aider à maximiser les résultats.

Cela inclut l'utilisation de données structurées pour améliorer la visibilité des résultats de recherche, la création de contenu de grande valeur et la mise en œuvre de techniques de référencement local pour cibler des publics pertinents géographiquement appropriés.

Mesurer et analyser les performances SEO est essentiel pour évaluer l'efficacité des stratégies mises en œuvre et identifier les opportunités d'amélioration.

Cela implique le suivi du classement des mots clés, du trafic organique, des taux de conversion et d'autres mesures connexes.

Des outils tels que Google Analytics, Google Search Console et divers logiciels d'analyse SEO fournissent des données précieuses pour évaluer les performances et ajuster les stratégies en conséquence.

Le contenu joue un rôle central dans toute stratégie SEO réussie. Les stratégies de création de contenu doivent viser à fournir une valeur ajoutée aux utilisateurs, répondre à leurs besoins et résoudre leurs problèmes.

Cela peut inclure la création de blogs, d'articles, de vidéos, d'infographies et d'autres formats de contenu engageants. Parallèlement, une stratégie de marketing de contenu efficace permet de promouvoir ce contenu auprès du public cible, de renforcer l'engagement et d'attirer des liens naturels vers le site web.

Le SEO n'est pas sans risques, et certaines pratiques peuvent entraîner des sanctions de la part des moteurs de recherche, voire la dégradation du classement du site web.

Il est donc essentiel de respecter les lignes directrices éthiques établies par les moteurs de recherche et de privilégier des stratégies durables et à long terme. Cela inclut l'abstention de toute pratique de référencement abusif, telles que le bourrage de mots-clés, les liens artificiels et le contenu dupliqué.

Les études de cas et les exemples pratiques permettent d'illustrer concrètement l'application des principes et des techniques de SEO dans des contextes réels.

En examinant des cas concrets de sites web ayant réussi à améliorer leur visibilité et leur classement dans les moteurs de recherche, les apprenants peuvent mieux comprendre les stratégies efficaces et les bonnes pratiques à adopter.

Le paysage du SEO est en constante évolution, et il est essentiel de rester à l'affût des tendances émergentes et des changements dans les algorithmes des moteurs de recherche.

Les avancées technologiques telles que l'intelligence artificielle, la recherche vocale et les appareils portables continueront d'influencer la manière dont les utilisateurs interagissent avec les moteurs de recherche, ce qui nécessitera une adaptation constante des stratégies SEO.

Le SEO est un domaine dynamique et en constante évolution, qui requiert une compréhension approfondie des principes fondamentaux, ainsi qu'une capacité d'adaptation aux changements et aux nouvelles tendances. En maîtrisant les techniques et les stratégies de SEO, les entreprises peuvent maximiser leur visibilité en ligne et atteindre leurs objectifs de croissance et de succès.

La visibilité en ligne dans un monde numérique en constante évolution est un élément essentiel pour réussir dans presque tous les domaines, qu'il s'agisse de promouvoir une entreprise, d'atteindre un public plus large en tant que créateur de contenu, ou simplement de se faire remarquer dans un domaine spécifique. Dans cet essai, nous explorerons en profondeur les différentes stratégies et conseils finaux pour maximiser la visibilité en ligne, en mettant l'accent sur des aspects clés tels que l'optimisation du site web, la création de contenu de qualité, l'utilisation des réseaux sociaux, le référencement (SEO), l'engagement avec l'audience, et l'analyse et l'ajustement continus de la stratégie en ligne.

Un site web bien conçu constitue la fondation de toute stratégie de visibilité en ligne. Il doit être rapide, convivial et facile à naviguer. L'optimisation pour les moteurs de recherche (SEO) est également cruciale. Cela implique l'utilisation de mots-clés pertinents dans le contenu, la structuration du site de manière à faciliter l'indexation par les moteurs de recherche, et l'amélioration de la vitesse de chargement du site.Créer du contenu de qualité est un autre aspect important.

Un contenu informatif, engageant et pertinent attirera et maintiendra l'attention de votre public cible, les articles de blog, les vidéos, les infographies, les podcasts et d'autres formats de contenu peuvent être utilisés pour atteindre efficacement le public.

Il est également important de publier régulièrement du nouveau contenu pour maintenir l'intérêt du public et renforcer l'autorité de la marque, les médias sociaux constituent une plateforme puissante pour accroître la visibilité en ligne.

Il est important de choisir la plateforme qui convient le mieux à votre public cible et d'être actif en partageant du contenu de qualité, en interagissant avec votre public et en participant à des conversations pertinentes.La publicité payante sur les réseaux sociaux peut également être utilisée pour toucher un public plus large et plus ciblé.L'optimisation des moteurs de recherche (SEO) joue un rôle important dans le classement de votre contenu sur les moteurs de recherche.

Cela implique de rechercher des mots-clés pertinents pour votre secteur, de les utiliser de manière stratégique dans le contenu, les balises méta, les titres de pages et les URL, et d'optimiser techniquement le site pour améliorer son classement dans les résultats de recherche.

L'engagement du public est un aspect souvent négligé mais crucial de la visibilité en ligne.

En répondant aux commentaires et aux messages du public, en posant des questions pour encourager la participation et en organisant des concours ou des événements, vous pouvez renforcer votre relation avec votre public et maintenir son intérêt pour votre marque ou votre contenu, la visibilité en ligne est devenue un élément essentiel pour réussir dans presque tous les domaines, qu'il s'agisse de promouvoir une entreprise, d'atteindre un public plus large en tant que créateur de contenu ou simplement de se démarquer dans un domaine particulier.

Dans un monde numérique en constante évolution, maintenir une présence numérique efficace nécessite un engagement continu et une approche stratégique.

Dans cet essai, nous explorerons en profondeur différentes stratégies et conseils ultimes pour maximiser la visibilité en ligne, en nous concentrant sur des aspects clés tels que l'optimisation du site Web, la création d'un contenu de qualité, l'utilisation des médias sociaux, l'optimisation des moteurs de recherche (SEO), l'engagement du public et l'analyse continue ajustement de la stratégie en ligne.

L'optimisation du site web est l'un des premiers aspects à considérer lorsqu'il s'agit de maximiser la visibilité en ligne. Un site web bien conçu et convivial est essentiel pour attirer et retenir l'attention des visiteurs. Cela inclut des éléments tels que la navigation facile, un design attrayant, des temps de chargement rapides et une compatibilité mobile. En optimisant ces aspects, vous pouvez améliorer l'expérience utilisateur, ce qui peut se traduire par un meilleur classement dans les résultats des moteurs de recherche et une augmentation du trafic organique.

Une autre stratégie importante pour accroître la visibilité en ligne est de créer du contenu de qualité. Le contenu est roi dans le monde numérique, et les entreprises et les créateurs de contenu qui produisent un contenu pertinent, informatif et engageant ont plus de chances d'attirer et de fidéliser leur public cible. Cela peut prendre différentes formes, notamment des articles de blog, des vidéos, des infographies, des podcasts, etc. En investissant du temps et des ressources dans la création de contenu de qualité, vous pouvez renforcer votre autorité dans votre domaine et attirer un public plus large.

Les réseaux sociaux sont indispensables dans la visibilité en ligne. Les plateformes de médias sociaux offrent une opportunité unique d'interagir directement avec votre public, de partager du contenu, de promouvoir vos produits ou services, et de renforcer la notoriété de votre marque. Il est important de choisir les plateformes sociales qui sont les plus pertinentes pour votre entreprise ou votre marque, et de maintenir une présence active en partageant régulièrement du contenu et en engageant votre audience.

Le référencement (SEO) est un autre élément essentiel pour maximiser la visibilité en ligne. En optimisant votre site web et votre contenu pour les moteurs de recherche, vous pouvez améliorer votre classement dans les résultats de recherche organique, ce qui peut augmenter votre visibilité et attirer davantage de trafic qualifié. Cela implique l'utilisation de mots-clés pertinents, la création de liens de qualité, l'optimisation des balises et des métadonnées, et la fourniture d'un contenu de grande valeur pour les utilisateurs.

Engager votre audience est également crucial pour maintenir une visibilité en ligne efficace. En interagissant activement avec votre public à travers les médias sociaux, les commentaires sur les blogs, les courriels, etc., vous pouvez renforcer les relations avec vos clients potentiels et existants, et encourager l'engagement et la fidélité à la marque. L'écoute active des commentaires et des retours d'information de votre audience peut également vous aider à améliorer votre stratégie de contenu et à mieux répondre à leurs besoins et à leurs intérêts.

Enfin, l'analyse et l'ajustement continus de la stratégie en ligne sont essentiels pour maintenir une visibilité maximale. En surveillant les performances à l'aide d'outils d'analyse tels que Google Analytics et les analyses intégrées des réseaux sociaux, vous pouvez identifier ce qui fonctionne bien et ce qui ne fonctionne pas, et ajuster votre stratégie en conséquence. Il est important d'être prêt à expérimenter avec différents types de contenu, tactiques de marketing et stratégies de promotion pour trouver ce qui fonctionne le mieux pour votre entreprise ou votre marque.

Maintenir une visibilité maximale en ligne nécessite un engagement continu et une approche stratégique. En suivant les conseils finaux énumérés dans cet essai, vous serez bien équipé pour atteindre et maintenir une présence numérique efficace dans un paysage en constante évolution. Que vous soyez une entreprise, un créateur de contenu ou simplement quelqu'un cherchant à se faire remarquer en ligne, une approche cohérente vous aidera à atteindre vos objectifs de visibilité en ligne.

L'importance d'un site web bien conçu dans toute stratégie de visibilité en ligne ne peut être surestimée. En effet, c'est le point d'ancrage principal où les entreprises interagissent avec leur public et essaient de se démarquer dans le vaste océan d'internet. Dans ce développement, nous examinerons en détail les différents aspects qui contribuent à la création d'un site web efficace et à sa promotion en ligne.

Tout d'abord, un site web doit être rapide, convivial et facile à naviguer. La rapidité de chargement est essentielle car les utilisateurs sont de plus en plus impatients et s'attendent à ce que les sites se chargent rapidement, sous peine de perdre leur intérêt. Un site convivial et facile à naviguer garantit une expérience utilisateur positive, ce qui est crucial pour encourager les visiteurs à rester sur le site et à explorer son contenu.

Un autre élément vital d'une stratégie de visibilité en ligne est la création de contenu de qualité. Un contenu informatif, engageant et pertinent attire et retient l'attention de l'audience cible. Cela peut prendre diverses formes, telles que des articles de blog, des vidéos, des infographies, des podcasts, etc. La clé est de fournir un contenu qui répond aux besoins et aux intérêts de l'audience tout en renforçant la crédibilité de la marque.

Il est également important de publier régulièrement du nouveau contenu pour maintenir l'intérêt de l'audience et encourager un retour fréquent sur le site. Cela montre également aux moteurs de recherche que le site est actif et mis à jour régulièrement, ce qui peut contribuer à améliorer son classement dans les résultats de recherche.

Les réseaux sociaux jouent également un rôle crucial dans la promotion en ligne d'un site web. Ils offrent une plateforme puissante pour accroître la visibilité et l'engagement de l'audience. Il est important de choisir les plateformes qui correspondent le mieux à votre public cible et d'être actif en partageant du contenu de qualité, en interagissant avec l'audience et en participant à des conversations pertinentes.

De plus, les annonces payantes sur les réseaux sociaux peuvent être un moyen efficace de toucher un public plus large et plus ciblé. En ciblant les annonces en fonction des intérêts, des comportements et des caractéristiques démographiques de l'audience, les entreprises peuvent maximiser leur retour sur investissement publicitaire et augmenter leur visibilité en ligne de manière significative.

Un site web bien conçu et une stratégie de visibilité en ligne efficace sont des éléments essentiels pour réussir dans le monde numérique d'aujourd'hui. En mettant l'accent sur la convivialité, l'optimisation pour les moteurs de recherche, la création de contenu de qualité et l'utilisation stratégique des réseaux sociaux, les entreprises peuvent augmenter leur visibilité en ligne, attirer un trafic qualifié et stimuler la croissance de leur entreprise.

Le référencement (SEO) joue un rôle essentiel dans le classement de votre contenu sur les moteurs de recherche. Cela implique la recherche de mots-clés pertinents pour votre secteur, leur utilisation stratégique dans le contenu, les balises meta, les titres de page et les URL, ainsi que l'optimisation technique du site pour améliorer son classement dans les résultats de recherche.

L'engagement avec l'audience est un aspect souvent négligé mais crucial de la visibilité en ligne. En répondant aux commentaires et aux messages de l'audience, en posant des questions pour encourager la participation, et en organisant des concours ou des événements, vous pouvez renforcer votre relation avec votre public et maintenir son intérêt pour votre marque ou votre contenu.

Enfin, l'analyse et l'ajustement continus de la stratégie en ligne sont essentiels pour maintenir une visibilité maximale. En surveillant les performances à l'aide d'outils d'analyse tels que Google Analytics et les analyses intégrées des réseaux sociaux, vous pouvez identifier ce qui fonctionne bien et ce qui ne fonctionne pas, et ajuster votre stratégie en conséquence. Il est important d'être prêt à expérimenter avec différents types de contenu, tactiques de marketing et stratégies de promotion pour trouver ce qui fonctionne le mieux pour votre entreprise ou votre marque.

En conclusion, maintenir une visibilité maximale en ligne nécessite un engagement continu et une approche stratégique. En suivant les conseils finaux énumérés dans cet essai, vous serez bien équipé pour atteindre et maintenir une présence numérique efficace dans un paysage en constante évolution. Que vous soyez une entreprise, un créateur de contenu ou simplement quelqu'un cherchant à se faire remarquer en ligne, une approche cohérente vous aidera à atteindre vos objectifs de visibilité en ligne.

www.ingramcontent.com/pod-product-compliance
Lightning Source LLC
Chambersburg PA
CBHW071101240526
45471CB00016B/2297